Jesu Tischgast

Ein Beicht- und Abendmahlsbüchlein
für die Jugend
von Ludwig Greve

9. Auflage

Verlag der Luth. Buchhandlung Heinrich Harms
Gr. Oesingen

Missionsverlag der Ev.-Luth. Gebetsgemeinschaft
Bielefeld

CIP-Kurztitelaufnahme der Deutschen Bibliothek

Greve, Ludwig:
Jesu Tischgast: e. Beicht- u. Abendmahlsbüchlein für d. Jugend / von Ludwig Greve. – 9. Aufl. –
Bielefeld: Missionsverlag der Ev.-Luth. Gebetsgemeinschaften;
Groß Oesingen: Verlag der Luth. Buchh. Harms, 1982.
ISBN 3-922534-12-0

Gesamtherstellung:
St.-Johannis-Druckerei C. Schweickhardt
7630 Lahr/Schwarzwald
Printed in Germany 18666/1982

INHALT

Es war ein früherer Konfirmand von mir – jetzt liegt sein junger Leib längst in einem Kriegergrab Galiziens –, der versäumte es nie seit seiner Einsegnung, am Abend vor dem Abendmahlstage zu sagen: »Mutter, gib mir das Buch, aus dem man sich zum Heiligen Abendmahl vorbereitet.« Ich denke, diese Sorgfalt wird kein Schade gewesen sein für seinen frühen Tod.

Zweierlei Tischgäste Jesu gibt's unter der Jugend. Die einen nehmen's oberflächlich, nippen und kosten gleichsam nur vom Tisch des Herrn und eilen davon. Die andern nehmen's ernst und gründlich, sie möchten gern alles haben an Heil und Leben, was nur irgend aus diesem seligen Mahl zu gewinnen ist – es ist gar viel!

Wollt ihr nicht den letzteren gleichwerden? Dann möchte euch dies Büchlein dazu ein klein wenig helfen.

I. Ein Tisch Gottes auf Erden

Die alten Chroniken unseres Volkes erzählen, wie mächtige Kaiser und Könige an hohen Freudentagen auf den Marktplätzen Tische aufschlagen ließen, um das arme Volk zu speisen und zu tränken. Da saßen sie dann zu Hunderten an den langen, reich gedeckten Tafeln. Hoch ging es dabei her. Die kostbarsten Speisen wurden geboten, der edelste Wein geschenkt. Er selber aber, der leutselige Herrscher, wandelte in königlichem Schmuck unter seinen Gästen und redete freundlich mit ihnen. Da wurden sie alle voll der Güte und Herablassung ihres Herrn, priesen ihn laut, und noch lange sprach man von dem herrlichen Tage, der königlichen Huld und der reichen Bewirtung an des Königs Tisch.

Ich weiß einen Größeren, der läßt auch einen Tisch zurüsten. Für alle Menschen ist sein Tisch gedeckt. Das ist der ewigreiche Himmelskönig Jesus Christus. Der Tisch ist das Heilige Abendmahl. Es trägt darum auch diesen Namen: Tisch des Herrn. Wundersam sind Speise und Trank, mit denen Er dort Sein Volk bewirtet. Er selbst will an diesem Tisch den Seinen freundlich begegnen und ihnen so nahe kommen, wie sonst nie und nirgends in der Welt.

Ein Tisch Gottes auf Erden! Wie herrlich für uns, wie herablassend von Ihm! Wenn wir noch nie etwas davon gehört hätten, daß Gott einen Tisch auf Erden für uns bereitet hat, würden wir nicht auf die Kunde davon herzueilen, und wenn wir am andern Ende der Erde wohnten, und würden mit heißem Verlangen trachten nach einem Platz an diesem Tisch? Und staunen würden wir aufs äußerste. Ja, tun wir's?

Einst kam ein wilder und ungläubiger Student, der spätere Waisenvater Georg Müller, nach einer schönen Alpenreise heimkehrend, in einen kleinen Kreis ernster Christen. Da geriet er in ein Verwundern und Staunen hinein, wie noch nie in seinem Leben. Worüber denn? Er sah und hörte zum erstenmal, wie jemand, es war ein einfacher Mann, mit gebeugten Knien schlicht und herzlich mit dem Vater im Himmel redete. Das war alles. Auf dem Nachhausewege aber sagte der junge Mann betroffen zu seinem Freunde: »Alles, was wir auf unserer Alpenreise gesehen haben, ist nichts im Vergleich mit dem, was ich heut abend erlebt habe!« Also alle die Bergriesen mit ihren Alpenglühen, die brausenden Alpenbäche und Wasserfälle, die Städte und Dörfer der herrlichen Alpenwelt wurden ihm ein Nichts gegenüber dem, was jetzt so ganz neu seine Seele berührt hatte, ja ihm den »Stoß zu der ewigen Bewegung« hin zu Gott gab.

Er staunte über das eine: Das Gebet – eine offene Tür zu Gott!

Wir sollten staunen über das andre: Das Heilige Abendmahl – ein offener Tisch von Gott!

Ja, ein Tisch ist's, der von der Erde in den Himmel, von der Zeit ins ewige Leben hineinragt. Das ist zum Staunen, noch mehr: zum Anbeten! Gottlob, wir haben *einen Tisch Gottes auf Erden!*

2. Wie Jesus den Tisch gedeckt hat

Mancherlei Gottestische

Ihr wißt alle, wie Gott in der Wüste Seinem Volk Israel den Tisch gedeckt hat. Vor den staunenden Augen der Wanderscharen spendete Er Morgen für Morgen das wohlschmeckende Manna, und der Fels, von Mosis Stab geschlagen, mußte frisches Wasser geben. In der Wüste war Gottes Tisch!

Und seht dort weiter den einsamen, verfolgten Mann am Bache Krith. Überall sonst sengende Glut und verschmachtende Menschen. Und dort ein fließender Bach! Und wunderbar: Die Raben kommen und bringen Fleisch und Brot dem harrenden Propheten Elia – Gottes Tisch!

Und dann wiederum war's in der Wüste, da steht, umringt von Tausenden, die an Seinen Lippen hängen, unser Herr und Heiland. Und aus Seinen Händen quillt's und quillt's, und die Jünger nehmen und nehmen, und das Volk kann seinen Hunger stillen. Ja, Körbe voll Brocken bleiben übrig. Wiederum war's ein Tisch des Herrn in der Wüste. Das alte Psalmwort traf wieder zu: Du bereitest vor mir einen Tisch.

Der Herrlichste von allen

Doch alle diese Gottestische auf Erden waren nur schattenhafte Vorbilder auf einen andern. Das ist der Herrlichste von allen! Der ist gedeckt, nicht für einen Einzelnen, wie dort für Elias, nicht für Tausende nur, wie bei jener Wüstenspeisung, nicht nur für ein einzelnes Volk, wie dort für Israel. Nein, für alle Völker und für alle Menschen ist er gedeckt von dem reichen Herrn, und für alle reicht er aus. Dort soll der Seele Hunger und Verlangen volle Sättigung finden. Denn tiefer als der Leibeshunger dringt der Seele Hunger.

Durch Jesum hat uns der Vater im Himmel diesen wundervollen Tisch bereitet. Es war am Gründonnerstag, in der Nacht, da Er verraten ward. In einer letzten stillen Friedensstunde ist der Herr mit Seinen Jüngern versammelt dort im gepflasterten Saal um den gedeckten Tisch des Passahmahles, darauf das Passahlamm, Brot und etliche Becher Weins stehen.

Doch Ihm selbst war schon ein anderer Kelch bereitet: Der bittere Leidenskelch. »Ist's möglich, so gehe dieser Kelch von mir!« so fleht er wenige Stunden später im Garten Gethsemane den Vater an. Ihr wißt, was Er schmecken mußte aus diesem Kelch: Den Zorn Gottes über die Sünde der Menschen, ein Meer von Leiden und Qualen, Gethsemane mit Seinem blutigen Schweiß, des Pilatus Richthaus mit all dem Hohn und Spott, der Dornenkrone und den Geißelhieben, Golgatha mit all der namenlosen Marter und der Höllenpein der Gottverlassenheit – all das mußte Sein Leib schmecken, Seine Seele trinken. Und dies alles bebt schon durch Seinen Geist in jener stillen Abendstunde. Es ist die Stille vor dem Sturm!

Und da – denkt Er nicht an sich, sondern an Seine bald so verlassenen Jünger, und weiter schaut Sein Auge hin auf alle, alle, die einmal in Ihm Heil und Rettung suchen und finden werden. Und da ist's, als wallte diesen allen Seine Liebe entgegen, und als sagte Er ihnen: Ich muß zwar von euch scheiden, ihr müßt's auch lernen, in der Welt zu leben, ohne Mich zu sehen, bis ich dereinst wiederkomme. Aber ihr sollt Mich dennoch haben und behalten. Ich will euch ein Mahl stiften, bei dem ihr ganz, ganz eng mit Mir vereinigt werdet. Ihr sollt nicht verlassen dastehen, auch nicht nur auf Mein Wort angewiesen sein, sondern nahe Gemeinschaft von Person zu Person will Ich euch gewähren. Ich in euch, ihr in Mir.

Oh, in der schwärzesten Finsternis, welch strahlende Liebe an diesem Gottestisch!

Was für Speise?

Womit hat Jesus uns den Tisch gedeckt? Mit wundersamer Speise und himmlischem Trank: Seinem Leib und Blut. Denn als Er das Brot reichte, sprach Er: »Das ist mein Leib«, und beim Reichen des Kelches: »Das ist mein Blut.« So steht's da. Und St. Paulus hilft uns, die himmlische, göttliche Art dieser Speise recht zu erkennen. Er nennt staunend den Kelch »die Gemeinschaft des Blutes Christi«, das Brot »die Gemeinschaft des Leibes Christi«. So macht also Jesus Seinen heiligen Leib und Sein teures Blut zu einer Speise und einem Trank für die Seinen, und gibt's uns zugleich mit dem Brot und Wein. Nicht ein bloßes Gedächtnismahl ist das. Nein, wir empfangen wahrhaftig unter dem Brot und Wein Christi Leib und Blut.

Aber wie ist das möglich? Das ist nicht meine, das ist *Seine* Sorge! Er konnte schon vor Seiner Auferstehung mit Seinem Leib vieles tun, was wir Menschen nicht können: Mit Seinen Füßen wandelte Er auf dem Meer wie auf festem Lande, unter Seinen Händen mehrte sich das Brot bei der Wüstenspeisung in wunderbarer Weise. Und nach Seiner Auferstehung ist Sein Leib ein verklärter, d. h. mit göttlicher Herrlichkeit angetan. Keine Schranke des Raumes hindert Ihn. Hier erscheint Er bei verschlossenen Türen den zitternden Jüngern, Er läßt sie fühlen: Ja, es ist Sein Leib. Dort tritt Er in grellem Lichtglanz dem Verfolger Saulus entgegen, daß der zusammenbricht, und den dicht Dabeistehenden wieder bleibt Er verborgen. Da wieder erscheint Er in strahlender, himmlischer Herrlichkeit dem hochbetagten Apostel Johannes auf der Felseninsel Patmos (Offb. Joh. 1). Oh, dem Herrn der Herrlichkeit ist nichts unmöglich. So kann Er auch wahrlich Seinen Leib und Blut uns reichen unter dem Brot und Wein. Und ob's ein Wunder ist – Er hat's gesagt!

Groß ist Seine Allmacht. Stark ist Seine Liebe. Gewiß ist Seine Zusage.

Auf einer Dose mit Abendmahlsbrot sieht man abgebildet, wie die Sonne die Erde bescheint, dazu die Unterschrift: Allzeit im Himmel und doch auf Erden. Wie fein ist hier das Wunder der Abendmahlspeise im Gleichnis abgebildet!

Wird Er unsre Speise und Trank, so heißt das: Er geht mit uns die allerinnigste Verbindung ein. Seine heilige Person durchdringt unsere armen, sündigen, sterblichen Personen. Das ist doch ein gewaltig Ding! Er ist ja der Gekreuzigte und hat das Erlösungswerk vollbracht. Er ist der Auferstandene und hat den Tod bezwungen. Er ist der thronende Himmelskönig, dem die Engelscharen huldigen und dem alle Gewalt gegeben ist im Himmel und auf Erden.

Und der wird meine Speise, mein Trank. Seliges Geheimnis! »Verborgenes Manna!« (Offb. Joh. 2, 17).

Dreifache Kraft!

Essen und Trinken – wie geheimnisvoll ist's doch! Das Brot, das du issest, aus weißem oder grauem Mehl bestehend, verwandelt sich in kurzer Frist in rote Blutkörperchen und dann in Fleisch, Knochen, Haut, Haare usw. Und dann weiter in neue Kraft zum Gehen, Arbeiten und Hantieren. Wunderbar genug. Restlos erklären kann's keiner, erfahren tut's jeder. Die Himmelsspeise, Christi Leib und Blut, bringt erst recht Kraft mit sich, Kraft, die wir brauchen. Eigentlich dreifache Kraft: Vergebung der Sünden, Leben und Seligkeit; so beschreibt's uns Bibel und Katechismus.

Vergebung der Sünden. Sünde – das Entsetzlichste, was es gibt auf Erden. Wie entsetzlich, das zeigt mir das Kreuz!

Ich sehe meines Heilands blutenden Leib dort am Kreuz. Ich schaue hinein in die unendliche Qual seiner Seele, so weit ich's fasse. Er schweigt – doch dies schweigende Bild ist die gewaltigste Predigt, die je erklungen ist. Ich vernehme: Hier wird Gericht gehalten über die Sünden der Welt! Auch meine Sünde ist dabei. Da schlage ich an meine Brust und erkenne mit Schrekken und Scham: So schuldig bin ich!

Und nochmals sehe ich hin zum Kreuz. Und da lese ich in seinen Augen, die so erbarmend auf den Schächer blicken, unendliche Liebe. Seine bleichen Lippen sagen: Für dich, für dich! Da vernehme ich: Hier wird Gnade und Vergebung errungen für die Schuldigen! Da hebe ich mein Haupt wieder in die Höhe und die selige Freude zieht durch meine Brust: Wie lieb hat Er mich!

Und diesen Seinen heiligen Leib und dies Sein teures Blut reicht Er mir im heiligen Mahl. So ist auch *das* mein, was Er mir erstritten hat mit Seines Leibes Marter und

Seinem Blutvergießen: Die Sünde vergeben, die Schuld getilgt, die Strafe gebüßt, Friede mit Gott mein Teil! Der neue Bund mit Gott umschließt auch mich!

Und ob ich längst durch den Glauben mich der Vergebung meiner Sünden freue und tröste, an Jesu Tisch wird mir in Seinem Leib und Blut das kostbarste Unterpfand, gleichsam ein Siegel darauf gegeben. Von neuem gewiß wird mir diese köstliche, herzerquickende Gabe: Vergebung der Sünden!

Und *Leben.* Nicht ein armselig Stücklein Dasein, wie es die Mücke hat, die am Mittag im Sonnenschein spielt und am Abend schon tot zu Boden sinkt. Nein, Leben aus Gott, Leben des begnadeten Sünders in Gemeinschaft mit dem heiligen und herrlichen Gott, ewiges Leben, das hier in der Zeit anhebt, das kein Tod töten kann, das droben in Ewigkeit sich selig vollendet. Von solch wunderbarer Kraft darf ich etwas schmecken und erfahren im Heiligen Abendmahl. Hat unser Herr und Heiland nicht gesagt: »Ich bin das Brot des Lebens«, ja geradezu: »Ich bin das Leben«, d. h. die Lebensquelle für euch? Spricht Er nicht: »Ich bin gekommen, daß sie das Leben und volle Genüge haben sollen«, und abermals: »Ich bin der Weinstock, ihr seid die Reben«? Ja, Jesus lebt, und Leben reicht Er Seinen Tischgästen dar als Abendmahlsgabe.

Und *Seligkeit.* Mit edlen, lieben Menschen vertrauten Umgang und Freundschaft haben, das ist doch das Schönste und Seligste auf Erden, das macht unser Leben so reich und freudenvoll. Und nun ist der Herr Jesus der Alleredelste und Herrlichste, und wir dürfen an Seinem Tisch in die allernächste Freundschaft und Verbindung mit ihm kommen. Das bringt doch den größten Reichtum, das tiefste Glück ins Leben hinein. Wer Ihn wirklich hineinläßt in sein Herz, in dem klingt's wie Feiertagsglocken: Nun wird alles gut! Solch einer ist schon hier selig. Und sind die Tropfen der Seligkeit hier auf Erden schon süß, wie wird das Meer der Seligkeit dort droben einmal sein!

Hab Dank, mein Heiland, für den wundervollen Tisch, den Du mir gedeckt hast in Deiner unendlichen Liebe!

3. Kommt, denn es ist alles bereit!

Der Tisch ist gedeckt. Dürfen wir herzu? Der Platz an eines Königs Tisch ist für Geld nicht feil, man muß geladen sein.

Der uns den Tisch gedeckt, lädt uns auch ein. Hell, klar und dringend, so tönt der Einladungsruf durch die Welt: Kommt, denn es ist alles bereit! Kommt, auch ihr Elendesten, Ärmsten, Letzten, auf daß mein Haus und mein Tisch voll werde!

Nach der Speisung der Fünftausend war's, in der Schule zu Kapernaum. Begeisterte Menschen hingen an Jesu Lippen. Ja, so wollten sie es alle Tage: Brot die Fülle. Da schaut der Herr sie so ernst und doch so lockend an und sagt: »Ich bin das Brot des Lebens! Wer mein Fleisch isset und trinket mein Blut, der hat das ewige Leben, der bleibt in mir und ich in ihm!« Da hat Er ihnen schon etwas aufblitzen lassen von der Herrlichkeit des Tisches, den Er nachher am Gründonnerstag gestiftet. Johannes 6 steht's – dieses teure Bibelkapitel am Abendmahlstage! Wie liebevollstes, dringendes, aber nicht gewaltsam zwingendes Einladen klingt Sein immer wiederholtes: Wer mein Fleisch isset und trinket mein Blut . . .

Und die *Apostel* nahmen den Lockruf auf von des Meisters Lippen. Kamen Seelen zum Glauben, das Herrlichste ward für sie Jesu Tisch. »Sie blieben beständig im Brotbrechen!« Kein Wunder, daß diese ersten Christen anfangs täglich, nachher allsonntäglich zum Tisch des Herrn gingen. Verfolgung und Gefängnis ward gar oft ihr täglich Brot, der Scheiterhaufen, das Henkerbeil, die Zähne der Bestien im Zirkus unter dem Jubel des blutlüsternen Volkes ihr bitterer Kelch. Da stärkten sie sich immer und immer wieder durch Brot und Kelch von ihres Herrn, des Todesüberwinders, Tisch und Hand. Nun stand Er hinter ihnen und richtete sie auf. Wahre Helden, so standen und starben sie, unter Seinen Augen, des ewigen Lebens gewiß!

Wunderbare Zeit, als auch in *unserem Volke* vor über tausend Jahren durch treue Gottesboten der Gottestisch des Heiligen Abendmahls aufgestellt ward. Statt der Altäre, auf denen Pferdeschädel zu Ehren Wodans verbrannten, erstand der Tisch des Heils für gnadenhungrige Sünder.

Und wie nach langer Finsternis unser *Luther* und seine Helfer die selige Gottesbotschaft rein und lauter erschallen ließen durch die Lande, da ward auch der verderbte Abendmahlstisch wieder hergestellt. Nicht mehr ohne Kelch, ein verstümmelt Mahl, sondern voll und echt ward's den Seelen gereicht. Und sie kamen und stillten ihr Verlangen.

Auch *du* bist geladen mit allen den Tausenden, die schon an Jesu Tisch gesessen haben und dort froh und reich geworden sind. Geladen insbesondere durch den Konfirmandenunterricht. Vernahmst du wohl den Ruf: Komm, denn es ist alles bereit? Hinter dem Seelsorger stand Jesus. Er ruft dich, Er hat auch dir den Tisch gedeckt! Du sollst auch Sein lieber, hochwillkommener Tischgast werden. Kommst du? Willst du?

4. Ich will mich aufmachen!

Es lebte vor Jahren ein armer Junge im großen Berlin. Der hatte eine unbezwingliche Sehnsucht, die Sterne zu betrachten. Oft lief er heraus aus dem Häusermeer der Großstadt, legte sich am lauen Sommerabend ins Gras des Chausseegrabens und schaute hinauf. Als er dem Vater erklärte: Ich will ein Sternforscher werden, faßte der nach der Stirn, als ob es da nicht ganz richtig wäre. Der Junge mußte, um zu verdienen, Fabrikarbeiter werden, trieb dann noch dies und das, und nun, nach unsäglicher Mühe, ist wirklich aus dem damaligen Jungen ein namhafter Sternforscher geworden, dessen Schriften vielen Freude machen. – Welch ein festes: »Ich will« in diesem Knabenkopf!

Und nun denke ich an ein anderes »ich will«, das ist noch wichtiger. Das regte sich, sei's schüchtern, sei's kräftig, in deinem jungen Herzen. Das war in der Konfirmandenzeit, wenn du sie wirklich recht durchlebt hast. Etliche haben an ihr die schönste Zeit ihres Lebens gehabt. Etliche Erwachsene hörte ich voll Sehnsucht sagen: »Nur noch einmal Konfirmandenunterricht haben dürfen!«

Jeder rechte Konfirmandenunterricht möchte doch vor allem dies in den jugendlichen Seelen wecken, daß als Echo auf den Gnadenruf Gottes: »Ich will dich selig machen!« aus den Herzen der Konfirmanden mit vollem, persönlichem Bewußtsein die Antwort hervorklingen möchte: Ich will dein eigen sein, ich will Jesu nachfolgen!

Der ganze Konfirmandenunterricht, die schöne Feier der Konfirmation hat gar keinen Wert für uns, wenn wir da nur zugehört und gelernt haben, wenn wir uns da nur die Hand auflegen und einen Spruch geben ließen. Es soll doch vielmehr in dieser heiligen Zeit unter dem Arbeiten des Geistes Gottes an unsrer Seele ein fröhlicher Entschluß bei uns geboren werden: Ich will mich aufmachen.

Es kann sein, daß solch bewußter Entschluß schon früher in uns lebendig geworden ist. Dann soll ihn die Konfirmationszeit stärken. Es wird aber oft so sein, daß erst unter dem Eindruck des ganzen Reichtums der uns suchenden Liebe Gottes, wie ihn der Konfirmandenunterricht vor uns ausgebreitet hat, uns das Herz warm geworden ist, daß uns erst dann klar wurde, wie undankbar, ja, wie gottlos es ist, daß wir bisher eigentlich doch nur uns selbst lebten. Dann ist es eine bewußte Umkehr, ein seliges, entschlossenes »Ich *will* mich aufmachen«, das unserm Leben eine neue Richtung gibt, wenn wir am Konfirmationsaltar unser Taufgelübde erneuern.

Aber was sind menschliche Gelübde und Vorsätze! Sie mögen noch so ernst gemeint und fest gewollt sein, es fehlt uns die Kraft, sie zu erfüllen. Darum muß das »Ich will mich aufmachen« noch weiter gehen. Es muß den Weg einschlagen zu der Kraftquelle hin, die uns stark macht, Jesu nachzufolgen, zum Heiligen Abendmahl. Welch hohe Ehre, welch himmlische Freude, wenn ein junger Christenmensch zum erstenmal Jesu Tischgast sein darf.

Der Erfinder des lenkbaren Luftschiffes, Graf *Zeppelin,* sagte als Konfirmand nach dem ersten Abendmahlsgang zu seinem Hauslehrer: »O Herr H., jetzt bin ich glücklich!« Der weithin bekannte Pfarrer *Löhe* in Neuendettelsau sagte einmal rückblickend auf seine Jugendzeit: »Der erste Abendmahlsgang – darüber könnte ich weinen, daß ich den nicht noch einmal erleben kann!« Ja, unvergeßlich wird's einem jeden jungen Christen wohl sein, wie ihm zum erstenmal Jesu Leib und Blut dargereicht wurde.

Und dem ersten Abendmahlsgange folgen weitere, einer nach dem andern. Ob auch: einer herrlicher als der andere? Nun, jeder kann seine eigne Herrlichkeit, seinen besonderen Segen haben! Einen alten Christen kenne ich, der schreibt sich von Jugend auf alle seine Abendmahlsgänge an. Die Zahl 200 ist schon überschritten. Auf's Anschreiben, so innig es ist, kommt's nicht an, aber auf's immer wiederholte Gehen kommt's an. Solches tut, so *oft* ihr's trinket, heißt es; nicht: so selten. Wer selten geht, betrübt den Herrn. Jeden Gastgeber schmerzt es, alles für die Gäste bereit zu haben und dann vergeblich auf sie zu warten. Und wer selten geht, schadet sich selbst, denn bei ihm erstirbt leicht das Zusammenleben mit dem Herrn. Hat ein kleines Kind tüchtig Hunger, so ist's ein gutes Zeichen, das Kind will leben und nicht sterben. Hat ein Gotteskind Hunger nach Jesu Tisch, ist es auch ein gutes Zeichen, leben will es im Herrn und mit dem Herrn und nicht erschlaffen und sterben an der Seele! Junge Leute gehen in der Regel zusammen mit Eltern und Geschwistern zum Tisch des Herrn. Das ist schön, schlingt auch ein neues festes Band der Liebe um die Familienglieder. Aber nicht wahr, dann soll's nicht nur heißen: *Wir* gehen morgen zum Heiligen Abendmahl, sondern auch ganz persönlich und bewußt: *Ich* gehe, denn ich will meinem Heiland wieder begegnen an Seinem Tisch.

Ich will mich aufmachen!

Ich wünsche dir, daß du dem Herrn Jesu auf all Sein Einladen antwortest mit einem herzlichen, fröhlichen, festen: Ich will!

Gott rufet noch – sollt ich nicht endlich kommen?
Ich hab so lang die treue Stimm vernommen.
Ich wußt es wohl, ich war nicht, wie ich sollt;

Er winkte mir; ich hatte nicht gewollt.
Gott locket noch – nun länger nicht verweilet!
Gott will mich ganz – nun länger nicht geteilet!
Fleisch, Welt, Vernunft, sag immer, was du willt,
Mir Gottes Stimme mehr als deine gilt.

Tersteegen

5. Wie ich mich rüste

Dreierlei Arbeit gibt's auf Erden: Handarbeit, Kopfarbeit, Herzensarbeit. Die letzte ist die schwerste.

Wie rüste ich mich zum Abendmahlsgang? Da mache ich einige Gänge von besonderer Art: Ich gehe ins Kämmerlein, dort »gehe ich in mich« in der Selbstprüfung, und ich gehe zu meinem Nächsten und versöhne mich. All das ist Herzensarbeit. Auch heilige Handarbeit, wenn ich betend die Hände falte, auch Kopfarbeit, aber zumeist Herzensarbeit. Gott segne sie dir!

Geh ins Kämmerlein

Der junge Daniel hatte ein Kämmerlein. Er »hatte an seinem Söller (Obergemach) offene Fenster gegen Jerusalem, und er fiel des Tages dreimal auf seine Knie, betete, lobte und dankte seinem Gott« (Dan. 6, 11), so lautet die liebliche Beschreibung in der Heiligen Schrift. Hast du ein Kämmerlein zum stillen Gebet? Sonst such dir eins. Geh in deine Schlafkammer und riegele die Tür zu, es wird dir niemand verwehren! Und wenn doch, nun so geh, du Landkind wenigstens, auf den Kornboden oder in den Keller oder in eine verborgene Ecke des Gartens, wenn ihr so glücklich seid, einen zu besitzen. Wie, alles nicht vorhanden? Nun, so geh, im Sommer zumal, in einen stillen Waldwinkel oder ins Buschwerk am Bach oder bei Winterszeit vielleicht in den Stall. Ich kannte einen Mann, den hat man laut im Pferdestall beten hören für seine heranwachsenden Kinder. Übrigens hat auch das Christkind in einem Stall gelegen! Ein

Soldat wiederum beugte in einem unbenutzten Militärschuppen die Knie, und ein junger Präparand ging in eine offene Remise unter allerlei Gerümpel, bis sich einer der Mitschüler nachschlich, um zu sehen, was er dort täte – er sah ihn knien und dachte: Der muß mein Freund werden! Kurzum: Such dir dein Kämmerlein. Wer sucht, der findet! Und ist wirklich einmal den Menschen nicht zu entrinnen, so kann's auch dann heißen: Allein mit Gott.

Und im Kämmerlein halte die *Selbstprüfung*. Dazu mußt du dir schon eine stille Stunde nehmen, etwa am Sonnabendabend. Aber warum diese Mühe? Weil ganz unzweideutig Gottes Wort sagt: Der Mensch aber prüfe sich selbst, und also (d. h. erst dann) esse er von diesem Brot und trinke von diesem Kelch. Wie mach ichs? Denk an die Schulprüfung. Da wurde das Wissen und Können der Kinder geprüft. In der Selbstprüfung wird dein Christenwandel geprüft. Und zwar sollst du selbst die Prüfung halten, du und – Gott. Denn deine prüfenden Fragen an dich selbst stellst du mit Hilfe des göttlichen Wortes. Darum sind dabei auch des Herrn Flammenaugen (Offb. 1, 14) forschend auf dich gerichtet. Er nennt sich einmal den, der »Herz und Nieren« prüft, d. h. das Allerinnerste des Menschen.

Laß willig solche Prüfung an dir geschehen. Sie soll wahrlich keine Qual sein, sondern eine Erleichterung. Der Kranke muß dem Arzte den Schaden offenbaren, das Heilen ist dann des Arztes Sache. – Tief hinein mit dem scharfen Pflug der Selbstprüfung in den Acker des eigenen Herzens und Lebens. Desto aufnahmefähiger wird dieser für das himmlische Samenkorn des Heiligen Abendmahls.

So frage dich selbst und laß dich fragen vom Herrn. Und antworte ehrlich!

Geh in dich! (Selbstprüfungsfragen)

Das erste Gebot

Gott fürchten. – Hast du Furcht vor Gott, heilige Ehrfurcht vor dem Allgewaltigen? – kindliche Furcht und Scheu, Ihn, den liebevollen, barmherzigen Vater, zu kränken? Denkst du an Gottes Flammenauge, das auch sieht, was im Finstern verborgen ist? Begleitet dich die Furcht vor Gott, dem Herrn, in deinem Tun und Treiben, auch wenn kein Mensch dich beaufsichtigt? – Und schämst du dich auch nicht des Herrn beim Spotten und Drohen ungläubiger Menschen, die doch Staub und Asche sind? – bekennest vielmehr alsdann mutig und freudig den Namen des Herrn?

Gott lieben. – Du liebst deine Eltern, liebst du auch deinen Gott, diesen rechten Vater, diesen größesten Wohltäter und Freund? Oder hängst du dein Herz in abgöttischer Liebe an irgendeinen lieben Menschen? – an ein Vergnügen? – eine Liebhaberei? – an Kleiderstaat und Putz – an Geldgewinn? – oder sonst an irgendeine arme vergängliche Kreatur?

Gott vertrauen. – Hast du Vertrauen zu Gott und zu dem Wege, den Er dich führt? Er sieht weiter als du! Stellst du es Ihm anheim, wenn du Unrecht erfährst? Vertraust du Ihm auch in schwerer Lage und denkst: Er kann helfen? Oder bist du schnell verzagt, sorgenvoll, mutlos, haltlos, ein Rohr im Winde? Bildest du dir viel ein auf dein Können? – Dein Wissen? – Deine Herkunft? – Deine Familie? – Deinen Besitz? – Deinen Stand? – Oder bist du davon tief durchdrungen, daß du alles, alles, was du bist und hast, Ihm verdankst, und gibst Ihm die Ehre? O bitte Ihn, er wolle alles falsche Selbstvertrauen und Menschenvertrauen gründlich zerstören.

Bist du frei von dem Mißbrauch des heiligen Gottesnamens, oder beleidigst du den Herrn durch das gedankenlose »ach Gott«, »ach Je« (Jesus), »um Gottes willen« und dgl.? Vergaßest du, daß dich, du Tor, für solche Majestätsbeleidigung der Herr nicht ungestraft lassen wird? Hast du nicht heilige Bibelworte zum Spaß oder Spott gebraucht? Oder lachtest du mit, wenn's andere taten, statt sie kräftig zu warnen? Fluchtest du auf deinen Nächsten? – auf das wehrlose Vieh? Auch ein »Donnerwetter« in eines Christen Munde ist ein häßliches Wort. Bliebest du frei vom leichtfertigen Schwören, sei's im Handel, sei's in der Unterhaltung? Und ließest du auch nicht zaubern, Krankheiten besprechen (»pusten«, »böten«) bei Mensch und Vieh, dadurch man unbedingt – auch wenn's zunächst helfen sollte – in Abhängigkeit von der finsteren Macht Satans kommt? Lügen und Trügen beim Namen Gottes, fromm reden, christliche Lieder singen und dann im Leben ganz anders sich verhalten – war's so?

Wendest du dich zuallererst und zumeist an den Herrn in deinen Nöten? – in den Versuchungen? – in Gefahren? – in Leiden? – Und dein Beten, ist's Geplapper der Lippen, ein schläfrig Ding oder ein herzliches, lebendiges Gespräch mit dem Herrn? Fragst du bei wichtigen Entscheidungen im Leben erst den Herrn um Rat? Betest du auch um Dinge der Seele, nicht nur um leibliche, irdische Güter? Betest du auch für die anderen, nicht nur für dich selbst? Bittest du immer nur, oder bekam Gott auch Loben und Danken von dir zu hören? Oh, nicht nur einen Tropfen Dankes, sondern viel, viel Dank schulden wir dem Herrn!

Wie verbrachtest du deinen Sonntag? Er ist und bleibt der »Tag des Herrn« – auch für dein Herz? Mit 14 Jahren hattest du zwei, mit 21 Jahren drei volle Jahre Sonntag. – War's mehr Segenszeit oder mehr Schadenszeit? Verschliefst ihn gar, während du werktags wer weiß wie früh zur Stelle sein konntest? Und Fußballspiel statt des Gottesdienstes bringt manche junge Seele um des Gotteswortes Segen. Gingst du mit Widerstreben zur Kirche? Träumtest du während der Predigt? Vergaßest, was Gottes Wort *dir* sagte? Verklagt dich deine ungelesene, verstaubende Bibel? Entheiligtest du den Sonntagvormittag mit Alltagsarbeit? Verbrachtest du den Sonntagnachmittag in der gefährlichen Gesellschaft gottentfremdeter Menschen – auf dem Tanzboden mit seiner Wildheit? – im Wirtshaus mit seinen Gefahren? Vernachlässigtest du den für dich so nötigen Umgang mit frommen, fröhlichen Gotteskindern?

Besuchst du den Gottesdienst gern? – oft? – möglichst regelmäßig? – und scheust du auch weite Kirchwege nicht? Weiterer Kirchweg, größerer Segen! Tatest du alles, was in deinen Kräften stand, um dir den Kirchenbesuch am Sonntag zu sichern? Bekanntest du ohne Scheu auch vor Vorgesetzten und Kameraden, daß du den Gottesdienst, das Gotteswort, liebst und brauchst für deine Seele? Oder vergaßest du die Tapferkeit, von der du sonst so viel redest, anzuwenden auf das Bekenntnis zur Kirche und zum Gottesdienst? Hörtest du aufmerksam zu und fragtest, was *dir* der Herr zu sagen hatte? Nahmst du alle Gelegenheiten wahr, deiner Seele Kräfte von oben zuzuführen? Bist du ein freudiger Sänger der herrlichen Gotteslieder? – ein williger Leser und Forscher im teuren Bibelbuch? – Hältst du dich zu deinen

Kirchengenossen? Suchst und liebst du den Umgang und die Freundschaft mit wahren Christen? Sind deine Freuden am Ruhetag edler, reiner Art, so daß du am Montag mit gutem Gewissen und klarem Kopf, neugestärkt an Leib und Seele, wieder an die Arbeit gehen kannst?

Das vierte Gebot

Was sagen deine *Eltern* von dir, sei's hier auf Erden, sei's droben vor Gottes Thron? Bist (oder warst) du ihre Freude und Stütze – oder bist du ihr Kummer und ihre Sorge, vielleicht gar ein Nagel zu ihrem Sarge? Bist du vielleicht gegen den Vater rücksichtsvoll, aber schroff gegen die Mutter? Oder umgekehrt? Ist dein Reden ehrerbietig und respektvoll, oder lässest du dich gehen? Müssen sie sich scheuen vor deinen heftigen Worten? Achtest du sie hoch als deine größesten Wohltäter – denk einmal an deine vier ersten Lebensjahre – oder achtest du sie gering in törichtem Stolz? Dienst du ihnen freudig und dankbar? Bewahrtest du ihnen »zarte Liebe«, wie es Kindern ziemt? Hältst du sie lieb und wert auch in ihren alten und schwachen Tagen? Hältst du deine Eltern wohl für gut genug, dich zu versorgen, aber Ehrfurcht und Gehorsam entziehst du ihnen? Wer so geschäftlich und selbstsüchtig denkt, trägt weder Liebe noch Ehrfurcht in sich. Hältst du dir für dein Verhalten gegen deine Eltern den gehorsamen, dankbaren Joseph, die dienstfertige Ruth, den demütigen Jesusknaben vor? Oder bist du diesen jungen Erfüllern des vierten Gebotes sehr, sehr unähnlich? Können auch deine Stiefeltern, Pflegeeltern, Großeltern sich dessen freuen, daß du an ihnen dies Gebot zu halten trachtest mit großem Ernst?

Gott hält die Verheißung, mit der er kleine und große

Kinder lockt, das vierte Gebot treulich und voll zu erfüllen. – Und ehrtest du auch deine *Herren,* seien es Lehrer? – Meister? – Dienstherrschaft? Hütetest du dich in der Schule davor, deine Lehrer zu ärgern und zu reizen? Wohltäter sind sie, die ärgert man nicht, sonst geht's einem später nicht gut. Geschah dein Dienst gewissenhaft vor den Augen des höchsten Herrn und Arbeitgebers droben? War dein Verhalten ehrerbietig? Zeigtest du in kleinen Dingen, in niedrigen und unangenehmen Arbeiten große Treue?

Ist dein Verhalten gegen die Obrigkeit einwandfrei? Ist deine Handlungsweise klar? Oder war es dir ein Geringes, die Obrigkeit zu hintergehen – als gäbe es keinen obersten Herrn, der gesagt hat: Seid untertan aller menschlichen Ordnung um des Herrn willen!?

Das fünfte Gebot

Hütest du dich vor allem, was mit dem »Töten« des 5. Gebotes zusammenhängt? Schadest du nicht mutwillig oder fahrlässig der Gesundheit und Kraft deines Nächsten? Kränktest du ihn nicht mit feindseligen, gehässigen, rohen, schimpfenden Worten? Bliebest du frei von der giftigen Rachsucht? – der bitteren Eifersucht? – der häßlichen Zanksucht? – Wie warst du im Zusammenleben mit deinen Hausgenossen? Vielleicht höflich gegen Fremde und daheim barsch und rechthaberisch? – unfreundlich und ungefällig? – ungeduldig und empfindlich? – launisch und mürrisch, so daß sie über dich seufzen? Du junger Mensch, wie gehst du um mit Kameraden und Arbeitskollegen? – Du Mädchen, mit der jüngeren Schwester, der Freundin, der Nachbarstochter, der Magd? Müssen sie gerechte Klage führen über dein

Wesen? Bist du ein Segensmensch oder ein Plagegeist für die anderen?

Halfest du deinem Nächsten in Leibesnöten? Gingst du nicht kalt und teilnahmslos vorüber an seinem Leid und seiner Last? Eiferst du dem barmherzigen Samariter nach, nicht dem unbarmherzigen, selbstsüchtigen Priester und Leviten? Bist du mitleidig? – brüderlich (und schwesterlich)? – barmherzig und freundlich gegen jedermann? Bist du insbesondere daheim ein rücksichtsvoller, bescheidener, lieber Hausgenosse? Hieltest du es mit der goldnen Friedensregel: »Ich fange keinen Streit an, ich gehe auf keinen Streit ein, gieße kein Öl ins Feuer«?

Tatest du deinem eigenen Leib die schuldige Ehre an als einem von Gott dir anvertrauten kostbaren Werkzeug? Schadest du ihm nicht durch Überanstrengung in der Arbeit? durch wildes Radfahren? – durch sonstigen übertriebenen Sport? Ist auch nicht die Zigarette dein Götze und Lebensverkürzer? Oder gar das Gläschen? – Denkst du an die Rechenschaft für vergeudete Kräfte und verschwendetes Geld? Andrerseits, verweichlichst du nicht deinen Körper durch Faulheit? – Bequemlichkeit? – Unreinlichkeit? – durch andere Schande und Laster?

Ihr, die ihr mit dem Vieh zu tun habt, hütet ihr euch vor jedem unnützen Quälen, welches etwas Teuflisches ist, beim Schlachten? – beim Kutschieren und dgl.? Erbarmt ihr euch eures Viehes nach jenem bekannten Wort? Bedenkt ihr, daß Gott auch über solche Dinge ein Rächer ist?

Keusch und züchtig in Worten, Werken und – Gedanken, wie stand's damit? Hieß es bei dir: Reine Augen, reinen Mund, reine Hand, reinen Leib, reines Herz?

Die *Augen* rein! Wandtest du entschlossen deine Augen weg von unzüchtigen Bildern? – von unsittlichen Büchern? – von zuchtlosem Treiben auf den Straßen? – von verführerischen Menschen? – Verschmähtest du das Gift schlüpfriger Theaterstücke? – den Schmutz unsauberer Kinovorstellungen? Ihr Mädchen, verletzt ihr nicht den Anstand durch übermäßiges Benehmen? – Bedenkt ihr, daß ihr Männer und Jungmänner damit zur Augenlust und Fleischeslust reizet, zur Qual für die Gottesfürchtigen unter ihnen, den anderen zu vermehrter Dreistigkeit? – Macht ihr auch die unanständige Mode mit? – Ist der Spiegel euer Götze?

Die *Ohren* rein! – Horchtest du nicht auf unreine, schmutzige Reden, Lieder und Zotenspäße anderer? – Lachtest du gar mit? – Oder gingest du fort aus diesem Kreis? Vorsicht auch beim Radiohören, wo neben vielem Guten auch Dinge unterlaufen, die die Reinheit gefährden.

Den *Mund* rein! – Ging kein zweideutiger Scherz aus deinem Munde? Sonst bist du ein Giftmischer für die andern, zumal Jüngeren, die es hören. Warntest du vielmehr solche, die in deiner Gegenwart unanständig redeten etwa im Geschäft? – in der Lehrstätte ? – auf dem Markt? – in der Eisenbahn? Bedrohtest du solch unsaubere Geister? Oder schwiegst du feige, verleugnetest statt zu bekennen?

Die *Hand* rein! – Bewahrtest du die rechte wohlanständige Zurückhaltung vor dem anderen Geschlecht? Oder warst du dreist und zudringlich? – Nahmest dir unerlaubte Vertraulichkeiten heraus? oder ließest dir solche gefallen? Miedest du auch lieber den Tanzboden, diese Stätte großer Gefahren, vieler Sünden und folgenden Jammers? Bedachtest du, daß Jesus nicht mit über die Schwelle geht, da, wo die Fleischeslust sich austobt? Hütest du dich dauernd vor leichtfertiger weltlicher Gesellschaft – »lieber allein, als in böser Gemein« – statt Hand in Hand mit ihr zu gehen?

Den *Leib* rein! – Traf's zu, oder warfest du in einer Stunde der Finsternis deine Jünglingsehre, deine Jungfrauenschaft weg? Und doch sollen einmal Sträußchen, Kranz und Schleier am Traualtar nicht stille Ankläger sein, sondern Zeugen einer rein verbrachten Jugendzeit, wahre Ehren- und Siegeszeichen. Entweihtest du auch nicht deinen Leib durch die fürchterliche Selbstbefleckung, diese Pestilenz, die im Finstern schleicht, diese Totengräberin deiner Zukunft?

Das *Herz* rein! – Wehrtest du dem Unkraut schlechter Gedanken und Phantasiebilder, dem Feuer zuchtloser Begierden? Nahmst du deine Zuflucht zu der reinigenden Kraft des Wortes Gottes und des Heiligen Abendmahls? und zum Gebet im Kämmerlein? – Bliebest du mit deinen verborgenen Nöten und Kämpfen nicht allein? Vertrautest dich vielmehr mit ehrlichem Bekenntnis deinem Vater oder deiner Mutter, deinem Seelsorger oder sonst einem vertrauenswerten, verschwiegenen Christen an? Bedachtest du die lebenslänglichen traurigen Folgen einer unreinen Jugendzeit? und die lebenslänglichen glücklichen Folgen einer reinen, bewahrten Jugend? Dachtest du an den tapfer fliehenden Joseph in Potiphars Haus? – an Christi Kreuzesleiden? – an das Feuer des Gerichts über die Unreinen?

Du junger Mann, hast du nicht ein dir vertrauendes

Mädchen getäuscht, mit dem Glück eines Mädchenherzens gespielt? Verklagt dich niemand vor Gott wegen nicht gehaltenen Versprechens, gebrochener Treue? Kannst du, Jüngling oder Mädchen, unbelastet auf diesem Gebiet einmal am Traualtar stehen?

Das siebente Gebot

Hast du fremdes Eigentum genommen, es sei klein oder groß? Hast du es behalten, statt es zurückzugeben? Beflecktest du dich mit unredlichem Gewinn? – mit Felddiebstahl? durch borgen und nicht bezahlen? Bist du verschwenderisch? Machst du Ausgaben über Vermögen? Warst du faul, ein Zeittotschläger? – unordentlich, und Gott ist ein Gott der Ordnung? – geizig und widerwillig zum Abgeben? – habgierig? – Gott ist ein Rächer über dies alles.

Bist du deinem Nächsten hilfreich im Vorwärtskommen, auch wo du keinen Gegendienst erwarten konntest? – Bist du ehrlich und gewissenhaft im Beruf? – im Handel? – Bist du zufrieden? – genügsam? – sparsam? – ordentlich? – fleißig? – ein fröhlicher Geber?

Das achte Gebot

Hast du gelogen oder die Wahrheit verdreht? – etwa durch Notlügen? – Geschäftslügen? – Schullügen? – Höflichkeitslügen? Und es heißt doch: Draußen sind die Lügner (d. h. ausgeschlossen vom neuen Jerusalem, Offb. Joh. 22)! Hast du eine ausplaudernde Schwätzerzunge? – Hast du anderer Vertrauen getäuscht? – Freust du dich, vom Nächsten Schlechtes zu hören? – Trägst du es weiter durch Klatsch? – Urteilst du hart, lieblos, ungerecht, voreilig über ihn? – Bist du ins Angesicht freundlich, hinter dem Rücken feindlich? – Schmeichelst du? – O, wir müssen Rechenschaft geben am Jüngsten Tage von einem jeglichen unnützen Wort, das wir geredet haben.

Bist du aufrichtig? – gerade und wahr? – treu und ehrlich? – Kann man sich auf dein Wort und Versprechen verlassen? Hältst du deine Zunge im Zaum? Entschuldigst du deinen Nächsten, soweit es mit der Wahrheit vereinbar ist? Redest du gern Gutes von den andern und nichts Schlechtes? Suchst du Entzweite wieder zu versöhnen?

Das neunte und zehnte Gebot

Hast du arge Gedanken im Herzen? – stolze und eitle? – eigensinnige und trotzige? – zornige und feindselige? – unmäßige und unreine? – neidische und begehrliche? – Hast du dies Unkraut im Herzen geduldet, gehegt und gepflegt, statt es auszurotten? Herrscht irgendeine ungezügelte Begierde, irgendeine Leidenschaft über dich? Hast du seinen Dienstboten, seinen Freund, seinen Verwandten ihm abspenstig gemacht?

Hast du deinen ungeordneten Begierden tapfer widerstanden? – ihre Regungen im Keim zu ersticken gesucht? – Hast du deine Zuflucht zum Gebet und zum Wort Gottes genommen? Hast du gegen deine argen Gedanken an Christi Leiden, an Tod, Gericht und Ewigkeit gedacht? – Hast du anderen loszuhelfen gesucht von ihren argen Gedanken? Hast du sie erinnert an ihre Pflicht und an die Kräfte zum Guten, die vom Geist Gottes kommen?

Jawohl, eine Frage ist noch not bei der Selbstprüfung, die nötigste, die ernsteste, die seligste! Sie kommt nicht von den heiligen zehn Geboten her, sie kommt von dem zweiten Artikel her. Da heißt es: Ich glaube, daß Jesus Christus sei mein Herr . . . auf daß ich Sein eigen sei und in Seinem Reich unter Ihm lebe und Ihm diene . . . Da erhebt sich die Frage: Sehe ich mich wirklich an als

1. Eigentum des Herrn? Das heißt: Mache ich damit Ernst, daß Er mein Herr ist, also ich – Sein Knecht, Seine Magd? Lasse ich's gelten, stimme ich dem zu, daß ich »sein eigen« bin, nicht etwa in der Weise einer frommen Redensart, sondern in vollem Lebensernst? Und wenn er mich zehnmal umworben hätte mit Seinem Blut zum Eigentum – ich muß eingewilligt haben! Er will ja nicht »Leibeigene« nur, hat nicht genug an äußerlichem Dienst und Ehre, sondern er will Menschen, die mit »Leib und Seel« Ihm dienen. Und wenn er mich hundertmal umworben hätte mit Seiner Liebe von meiner Taufe an – ich muß meinesteils mein Jawort Ihm gegeben haben. Auch die ärmste, geringste Braut muß dem reichsten, herrlichsten Bräutigam gegenüber dies Eine getan haben, ihr Jawort geben, sonst wird nichts aus dem Bund. Ja: »Für dich sei ganz mein Herz und Leben, Erlöser du, mein einzig Gut!« Frag dich, prüfe dich: Ist's so, oder bist du

2. vorbeigelaufen am Herrn? Einst stand ich am Krankenlager eines lieben Jungmannes meiner Gemeinde, da ward mir froh und weh ums Herz. Jawohl, er war zum Frieden im Herrn Jesu und zum Leben mit Ihm gekommen, so bezeugte er selbst. Aber seufzend gedachte er der früheren gesunden Tage. »Aber Sie sind doch immer so fleißig zur Kirche gegangen?« Da kam eine merkwürdige Antwort: »Jawohl, zur Kirche gegangen und doch – vorbeigelaufen am Heiland!« – Ob es nicht vielleicht Hunderte von lieben jungen Gliedern unserer Kirche sind, die ehrlicherweise auch so sagen könnten, ja müßten?

Man kann ein ganz braver Sohn und Bruder (eine gute Tochter und Schwester) sein und dazu ein strebsamer, ordentlicher Arbeiter, ein regelmäßiger Kirchgänger kann man sein und sich vor groben Sünden hüten, ja zum Abendmahlstisch gehen und dann gerührt und bewegt sein, auch denken: »Es müßte manches anders werden bei mir«, und doch – man läuft am Herrn Jesus vorbei, es heißt im tiefsten Herzensgrunde: Nein, ich will dich noch nicht, will mich dir nicht unterwerfen, will dir nicht ein rundes Ja geben auf all dein Werben. Man lehnt Ihn ab, entscheidet sich gegen Ihn! Tut man das mit Absicht und bleibt man dabei, so bleibt man unter dem Zorn Gottes, stirbt in seinen Sünden und geht endlich verloren.

Oh, solch jahrelanges Vorbeilaufen wird dann das Unglück unseres Lebens, wenn nicht gar das Unglück unserer Ewigkeit! »Immerdar hast du dein Joch zerbrochen, die Bande zerrissen und gesagt: »Ich will nicht so unterworfen sein«! (Jer. 2, 20) – so klagt der liebreiche Herr! Er sieht wie mit Sonnenhelle in unser Innerstes!

Kein Abendmahlsgang kann die wahre Herzensbekehrung zum Herrn Jesu, die klare Entscheidung des Lebens für Ihn ersetzen!

Herrlich ist's, wenn dein junges Kofirmandenherz sich dem Herrn aufrichtig und ehrlich ergab. War's aber schon damals nicht so, oder blieb's nicht so, wurde es in den Hintergrund gedrängt in den Jahren nachher, liefst du an Jesu vorbei, nun sollst du wissen: du darfst umkehren, Gottlob! Willst du das, ist das dein ernster Entschluß, dann erfährst du, was die Bibel nennt:

3. *bekehrt zum Herrn.* Das ist klar: bin ich vorbeigelaufen, so muß ich umkehren und hinlaufen zu Ihm, mich Ihm anvertrauen wie ein Kranker dem Arzt, mich Ihm unterwerfen wie ein Knecht dem rechtmäßigen Herrn, mich Ihm ausliefern sozusagen auf Gnade und Ungnade wie ein überwundener Empörer (Saulus vor Damaskus), mich Ihm hingeben mit meinem noch übrigen Leben, wie eine Braut dem Bräutigam in Verlobung und Eheschluß. Solche Umkehr nannte Pastor Ed. Kellner einmal treffend: »den Sprung aus der Hölle.«

Von solcher wahrer Bekehrung gilt: Ich muß, ich darf, ich kann. Ich *muß,* denn sonst bleibe ich ein elender, verlorener Mensch. Ich *darf*, denn der Herr bietet mir in Seinen Worten hundertfach aufs freundlichste Seine Heilandshand und -gnade an! Ich *kann,* denn da Er die Hauptsache tut und »zieht« (Joh. 6, 44), *kann* ich kommen, *kann* Ihn begreifen im Glauben. Sonst würde Er mich nicht so klar und deutlich zu solchem Kommen und Annehmen auffordern in Seinem Wort.

Bei solcher Bekehrung *sage* ich etwas, *weiß* ich etwas und *tue* ich etwas. Ich *sage* Ihm aus innerstem Herzen: Du sollst auf den Thron, nicht mehr mein böses eigenwilliges Ich, *Du* sollst regieren, nicht mehr ich, Du sollst der Herr sein, ich der Knecht, Du der Bräutigam, ich die Braut. Und dann weiß ich klar und bestimmt und lasse es gelten, daß ich nicht mehr mein eigen bin, sondern Sein eigen. So etwas geschieht nicht ohne Bewußtsein, so wenig wie eine rechte Verlobung ohne Bewußtsein geschieht, sondern mit voller, klar bewußter Herzensbeteiligung. Die Braut *weiß,* daß sie dem Bräutigam gehört. Und dann *lebe* ich auch danach, das heißt: ich lerne es, mich immer und immer wieder tagsüber Ihm unterwerfen in seligem Dienst, wie der Knecht immer und immer wieder nach des Herrn Augen sieht und sich von Ihm abhängig weiß und Ihm folgt.

Nun ist's kein Vorbeilaufen mehr, sondern ein Zusammensein, eine immer erneute Verbindung mit dem Herrn, ein Zusammenleben mit Ihm. Und so unvollkommen wir unsererseits dies Zusammenleben üben, unser Leben ist dann doch nicht mehr wie vorher, sondern sehr, sehr anders. Der Verlorene ist in des Retters Hand, der Kranke, Schwache in des Arztes Hand, der Irrende in des Führers Hand, die Braut an des Bräutigams Hand. Das ist's, was die Schrift meint, wenn sie von der Bekehrung redet. Wohl bedarf die Bekehrung, diese Lebenswende, der täglichen, lebenslänglichen Vertiefung, aber es ist doch eben auch unbedingt ein deutlicher Anfang nötig, sonst ist nichts zum Vertiefen da.

Ein Eigentum des Herrn – trifft's zu? Dann ist die große Selbstprüfungsfrage, ja, die große Lebensfrage für Zeit und Ewigkeit gelöst. Und dann erst wird der Abendmahlsgang uns wahrhaft segnen und stärken. Nun erst wird das volle Abendmahlsglück, die starke Abendmahlskraft unser.

Erst Bekehrung, dann Abendmahl. Erst Jesu entschlossener Jünger und Nachfolger, dann Jesu Tischgast. So kommt deine Jugendzeit fest in des Heilandes Hand!

Erforsche mich, Gott, und erfahre mein Herz,
Prüfe mich und erfahre, wie ich es meine,
Und sieh, ob ich auf bösem Wege bin,
Und leite mich auf ewigem Wege!

Psalm 139, 23–24.

Geh und versöhne dich!

Eine Konfirmandin war's, die hatte mit der Nachbarsfrau Streit bekommen. Endlich faßte sie sich ein Herz, ging hinüber, so schwer ihr's auch war, und bat jener die bösen Worte ab. Zurück aber kam sie nicht gegangen, sondern gesprungen mit dem Jubelruf: »Die Schuld ist weg, der Friede ist da.« Was trieb sie zu dem nicht leichten Gang? Sie hatte bemerkt: Bestehende Feindschaft ist ein Riegel vor dem Herzen, da kann der Friede Gottes nicht eindringen. Darum fort mit diesem Hindernis!

Jesu Tischgäste müssen hierauf besonders achten. Wie ein Finger Gottes legt sich's auf die faule Stelle im Christentum. Dieser Finger bedeutet: Gehe hin und versöhne dich mit deinem Bruder (Matth. 5, 24)! Dieser Finger geht nicht weg, bis hier Ordnung geschaffen ist. »Aber der andere hat die Hauptschuld!« Wirklich? Gewöhnlich geht's so zu: Der eine bringt das Stroh, der andere bringt das Feuer, und Schuld haben sie alle beide am Feuerbrand der Entzweiung. Und hat wirklich der andere, daß ich so sage, 80 Prozent Schuld und du nur 20, bitt ihm *dein* Teil Schuld ab – für *sein* Teil mag er selber einstehen vor Gott – so hast du alles getan, daß ihr wieder eins werdet und hast dein Gewissen entlastet.

Ist's schwer? Der Herr hilft, der für seine Mörder bat. Eine christliche Negerfrau ward vor dem Abendmahlsgang ermahnt, in die dargebotene Hand eines anderen Abendmahlsgastes einzuschlagen zum Zeichen der Versöhnung. Dieser hatte einst in der heidnischen Zeit ihren Mann getötet. Ihre Hand zitterte aufs stärkste, aber sie tat's. Schwer, aber nicht zu schwer!

Ein Jüngling pflegte nach der Einsegnung jahrelang treulich vor dem Beichtgang den Eltern ein Wort der

Abbitte zu sagen. Mit achtzehn Jahren aber stellte er diese Gewohnheit ein. Da wurde ihm von den Eltern bedeutet: »Wir wünschen, daß du auch weiter das Abbitten übst!« Recht so, denn die Elternaugen sehen im täglichen Zusammenleben auch manches, was dem jungen Sohn oder der Tochter nicht so als Unrecht oder Mangel zum Bewußtsein kommt. Den Eltern abbitten, das ist nicht nur eine feine äußerliche, nein, auch eine innerliche Zucht für Jesu junge Tischgäste. Tust du's auch?

Geh und versöhne dich! Mancher fragt, unruhig geworden: Ja, ich will, aber wann tu ich's? Im Krieg ward einmal ein Vorgesetzter gefragt: Wann ist dies Kommando auszuführen? Er erwiderte: »Mindestens sofort!« Es gibt auch göttliche geheime Kommandos, bei denen gilt auch: Mindestens sofort! Trifft's dich – dann rate ich: Mach's Buch zu und gehe hin. Merke: Lieber tot als ungehorsam!

Bibelwort und Liedervers zum Bewahren und Bewegen

Der Mensch prüfe aber sich selbst, und also esse er von diesem Brote und trinke von diesem Kelch.

1. Kor. 11, 28.

Herr, du erforschest mich und kennest mich. Ich sitze oder stehe auf, so weißt du es, du verstehst meine Gedanken von ferne. *Psalm 139, 1–2.*

Das Wort Gottes ist lebendig und kräftig und schärfer denn kein zweischneidig Schwert; und durchdringet, bis daß es scheidet Seele und Geist, auch Mark und Bein, und ist ein Richter der Gedanken und Sinne der Herzens.

Hebr. 4, 12.

So wir sagen, wir haben keine Sünde, so verführen wir uns selbst, und die Wahrheit ist nicht in uns. So wir aber unsere Sünden bekennen, so ist er treu und gerecht, daß er uns die Sünden vergibt und reinigt uns von aller Untugend.

1. Joh. 1, 8–9.

Darum wenn du deine Gabe auf dem Altar opferst, und wirst allda eingedenk, daß dein Bruder etwas wider dich habe, so laß allda vor dem Altar deine Gabe, und gehe zuvor hin und versöhne dich mit deinem Bruder, und alsdann komm und opfre deine Gabe. *Matth. 5, 23–24.*

Denn also spricht der Hohe und Erhabene, der ewiglich wohnt, des Name heilig ist; der ich in der Höhe und im Heiligtum wohne und bei denen, so zerschlagenen und demütigen Geistes sind, auf daß ich erquicke den Geist der Gedemütigten und das Herz der Zerschlagenen.

Jes. 57, 15.

Drum auch, Jesus, du alleine
Sollst mein Ein und Alles sein;
Prüf, erfahre, wie ich's meine,
Tilge allen Heuchelschein!

Gib, daß ich meine Feind'
Mit Sanftmut überwind',
Und wenn ich Rats bedarf,
Auch guten Rat erfind'.

Entdecke alles und verzehre,
Was nicht in deinem Lichte rein,
Wenn mir's gleich noch so schmerzlich wäre!
Die Wonne folget nach der Pein.
Du wirst mich aus dem finstern Alten
In Jesu Klarheit umgestalten!

6. Mein Jesus, schmücke mich!

Der Abendmahlsanzug oder das Kleid liegt bereit, und sorgfältig geschieht das Ankleiden. Du schmückst den Leib – schmückst du auch die Seele? »Schmücke dich, o liebe Seele«, singen wir so gern. Freilich mit all unserm eignen Schmuck für den Tisch des Herrn ist's armselig bestellt. Wie schön ist denn ein weißes Kleid mit einem großen schwarzen Fleck oder ein schöner neuer Rock mit lauter Löchern und Rissen? So steht's mit all unsrer Vortrefflichkeit; Fehler, Sünden entstellen sie. Oft sehen's trauernd schon die Menschen, am deutlichsten sieht's der Herr, der bis in des Herzens Grund sieht. So bleibt nichts übrig, als mit aller unsrer Armseligkeit zu dem reichen Herrn zu gehen und ihn zu bitten: Mein Jesu, schmücke mich! Sieh, darum hat Vater Luther einmal geschrieben, es stand auf dem allerletzten Blatt, das seine Hand auf Erden beschrieben hat: »Wir sind Bettler, das ist wahr!« Ein Bettler ist nicht ein Mensch, der in vollem Schmucke prangt, er macht vielmehr einen geringen, armseligen Eindruck. Aber eins kann er tun: Das Bitten! Unser Herr erwartet nicht eignen Schmuck von uns. Was Er am liebsten sieht, ist unser Verlangen, unsere Sehnsucht nach Ihm und Seinen Gaben. Ihn bitten – das bringt uns Schmuck.

Am besten ist's, du sagst es Ihm mit eigenen Worten. Wir dürfen ja mit Gott schlicht und natürlich reden wie Kinder mit dem Vater. Nur nicht vergessen, Er ist ein allmächtiger, heiliger, ewiger Vater. Mit dem Heiland dürfen wir reden wie mit einem nahen Freund und Bruder. Er ist's auch, ein herrlicher, göttlicher Freund

und Bruder, aber auch unser einstiger Richter. Beten – wer's übt, der lernt's.

Nur zum Anhalt folgen hier etliche kurze Gebete vor dem Abendmahlsgange.

Eines Jungen Gebet

Lieber Herr Jesu! Auch ich möchte gern dein Gast sein am Abendmahlstisch. Aber ich weiß, daß ich dich oft betrübt habe mit meiner Sünde. Die Selbstprüfung hat mir's deutlich gezeigt. Aber du hast mich dennoch einladen lassen zu deinem Tisch. Du hast ja gesagt: Wer zu mir kommt, den werde ich nicht hinausstoßen. Darum will ich mutig kommen. Ich weiß ja, du nimmst mich an. Bitte, wasche meine Sünden ab mit deinem teuren Blut. Bitte, speise und tränke mich mit deinem heiligen Leibe und Blute und laß mich davon stark werden zu einem rechten Christenwandel. Ich will ja gern dein treuer Nachfolger werden. Gib mir immer mehr von deinem Heiligen Geist und stärke meinen Glauben. Amen.

Eines Mädchens Gebet

Lieber treuer Heiland! Ich komme zu dir und bitte dich, mache mich bereit, dein Heiliges Abendmahl zu empfangen. Ich habe selber nichts, was dir gefallen könnte, aber du kannst mich schmücken. Ich möchte auch gern an deinem Tisch die Lebensspeise und den Lebenstrank empfangen. Ich brauche Vergebung meiner Sünden, Leben und Seligkeit für meine Seele. Ich bringe dir mein Herz, es ist so unrein, nun mache du es rein, es ist so schwach zum Guten, nun mache du es stark. Ich glaube gewißlich, daß du mich beschenken wirst. Dein heiliger Leib ist ja auch für mich am Kreuze getötet, dein teures Blut auch für mich vergossen. Da sehe ich, wie lieb du mich hast. So darf ich ja kommen, und du wirst mich segnen. Ja, laß mich an deinem Tisch froh und reich und glücklich werden. Ich will dir auch mit Leib und Seele angehören, ich will nicht der Welt und der Sünde folgen, sondern dir allein. Hilf mir dazu, Amen.

Heile mich, o Heil der Seelen,
Wo ich krank und traurig bin;
Nimm die Schmerzen, die mich quälen,
Und den ganzen Schaden hin,
Den mir Adams Fall gebracht
Und ich selbsten mir gemacht.
Wird, o Arzt, dein Blut mich netzen,
Wird sich all mein Jammer setzen.

Ich sprech zum Stolz, zur Lust, zum Geiz:
Dafür hing unser Herr am Kreuz!

7. Erst zum Beichtaltar!

Der Weg zu Jesu Tisch führt über den Beichtaltar. Erst Beichtgast, dann Tischgast. Vor der hohen Freude tiefe Beugung!

Beichtgang – Gerichtsgang! Wer zum erstenmal vor Gericht steht, dem ist beklommen zu Mute, auch wenn er eine gute Sache hat. In der Beichte treten wir nicht vor einen irdischen, sondern vor den allwissenden, gerechten, ewigen Richter. Vor Ihm gilt kein Ansehen der Person. Und wir kommen nicht als die Schuldlosen, Sicheren, sondern als die Tiefverschuldeten. Zeitliche und ewige Strafen haben wir verdient. Ewige Strafe – bei dem Wort schauen wir hinein in das verzehrende Feuer des Zornes Gottes. Am Jüngsten Tage wird es einmal offenbar werden in seiner Schrecklichkeit. Beichtgang, ein schwerer Gang!

Aber Beichtgang – *kein* schwerer Gang für den, der gewissenhaft die Selbstprüfung gehalten hat. Was er da entdeckt hat von Sünde und Schuld, gern bringt er all diese Last und all dies Dunkel ans Licht, zu dem Herrn, der ihm ja diese Last abnehmen will. Er spricht:

Ich will bekennen!

Welches Wort ist für Kinder das schwerste? Für viele Kinder ist's das Wörtlein: Verzeih! Und doch ist's ein unerläßliches Wörtlein. Denn erst danach weicht's wie ein Bann und Druck von der jungen Seele. Sieh, beichten ist wie ein tiefes und lautes »Verzeih«, das wir dem himmlischen Vater zurufen. Aus tiefster Seele, nicht nur so obenhin. Mancher nimmt's sehr leicht mit der Sünde. »Natürlich habe ich gesündigt, denn wir sind alle Sünder«, so denkt er. Er sagt laut »Ja« zu den Beichtfragen. Und im Herzen heißt's: »Nein, mit meinem Sündigen ist's nicht schlimm; nein, sie tun mir nicht leid; nein, ich brauche keine Vergebung und will mich nicht bessern.« Der Mund sagt: »ja«, das Herz sagt »nein«. Und der Herr – hört aufs Herz.

Auch dein »Ja« auf die Beichtfragen dringt bis an den Thron Gottes. Er hört's und wägt's. Sorge, daß es ein echtes, ein volles, ein Herzens-Ja sei. Dann wohl dir!

Da ich es wollte verschweigen, verschmachteten meine Gebeine durch mein täglich Heulen. Denn deine Hand war Tag und Nacht schwer auf mir; daß mein Saft vertrocknete, wie es im Sommer dürre wird. Darum bekenne ich dir meine Sünde und verhehle meine Missetat nicht. Ich sprach: Ich will dem Herrn meine Übertretung bekennen. Da vergabst du mir die Missetat meiner Sünde.
Psalm 32, 3–5.

Wer seine Missetat leugnet, dem wird es nicht gelingen, wer sie aber bekennt und läßt, der wird Barmherzigkeit erlangen. *Spr. 28, 13.*

Freigesprochen!

Ein Verurteilter stand auf der Richtstätte, und das Urteil sollte vollstreckt werden. Da trat ein Beauftragter des Landesherrn vor und verkündigte ihm seine Begnadigung. Der Begnadigte sagte nachher: »Ich meine, nie ein schöneres Angesicht gesehen zu haben als das Antlitz dessen, der mir das Gnadenurteil brachte.«

Beim Beichten beugte ich mich unter das Urteil, daß auch ich zeitliche und ewige Strafe wohl verdient habe. Und nun läßt mir der Herr Gnade und Vergebung verkündigen. Hinter dem Pastor am Altar steht der Herr. Ich sehe im Geist Sein Angesicht, es leuchtet von Erbarmen gegen den innerlich gebeugten Sünder. Ich höre im Geist Seine Stimme, die mich frei spricht. Denn »anstatt und auf Befehl unsers Herrn Jesu Christi« spricht der Seelsorger mich los. Der Herr Christus handelt mit uns selber. In Seinem Erbarmen hat Er, der Unsichtbare, Menschen die Vollmacht erteilt, Sündenvergebung zu spenden in Seinem Namen (Joh. 20, 22, 23). Wir hören eine Stimme, wir spüren das Handauflegen. Es bedeutet: Freigesprochen! Begnadigt! Angenommen!

»Welches ist der schönste Spruch in der Bibel?« so fragte jemand im Freundeskreis. Einer nannte diesen, der andere jenen Spruch. Er aber sagte: »Der ist's: Sei getrost, mein Sohn, deine Sünden sind dir vergeben.«

Nun nicht mehr!

Ein Fürst war's, der liebte das Spiel, den Trunk und Prachtbauten. Sein Volk aber mußte mit harten Steuern die Kosten dafür aufbringen. Der Geist Gottes kam über ihn; da warf er die Würfel ins Feuer und rief: »Nun nicht mehr«, zerbrach das Trinkhorn und rief: »Nun nicht mehr«, und auf den eben vollendeten Prachtbau ließ er schreiben: »Nun nicht mehr!«

Ist das nicht auch für Beichtgäste ein rechtes Wort? Erst bekenne ich, dann bitte ich: »Du wollest mir zu meiner Besserung deines Heiligen Geistes Kraft verleihen!« Also: Nun nicht mehr gelogen oder betrogen, gezankt oder gehaßt. Sag's selber deinem Gott, hinter welcher traurigen Sache du nun entschlossen hinzufügst: Nun nicht mehr! Und kann nicht auch ein junges Herz etwas vom heiligem Zorn packen gegen die eigene Sünde? Wie hat sie auch *dein* Leben verderbt, geschädigt, verkümmern lassen! Nun nicht mehr! Zachäus, der Oberzöllner, hat nicht weiter betrogen, und Petrus, der Verleugner, hat nicht wieder verleugnet – freilich nur in des Heilandes und Seines Geistes Kraft, nicht in eigner. Und so ist auch unser »Nun nicht mehr« gemeint: In des Heilandes Kraft! Und wo statt dessen ein »Doch noch wieder« geschah – es treibt uns das zu tieferer Beugung, zu mehr Wachen und Beten und zu festerem Anhalten an des Herrn bewahrender Hand.

Und die Kehrseite zu diesem »Nun nicht mehr« ist ein ebenso entschlossenes *»Nun mit Ernst!«* Nun will ich mit Ernst glauben und lieben, dienen und gehorchen, wirken und schaffen. Die Schrift nennt's gern ein »Nachjagen« allem Guten. Und wiederum nicht in eigener, sondern in des Heilands Kraft. Von Ihm erwarte ich's.

Ich will den heilsamen Kelch nehmen
und des Herrn Namen predigen.
Psalm 116, 13.

Ein Segensweg, aber ein wenig betretener!

Im Hochgebirge gibt's zweierlei Wege: Wege für alle und schmale Steilwege, die nur hier und da einer erklettert. Aber solch Weg abseits der großen Heerstraße bietet oft überraschend schöne Ausblicke, man ist froh, als hätte man ihn entdeckt. Für die Seele gibt es auch so einen Steilweg, der das Entdecken wert ist, das ist die *Privat-*

beichte. Der König David bekannte seine Sünde des Ehebruchs vor Gott und – dem Propheten Nathan. Es gibt Traglasten, die kann nicht einer heben, sondern zwei müssen anfassen. So gibt's auch Seelenlasten, mit denen kommt einer allein nicht zu Rande. Er bedarf eines guten Freundes auf Erden, dem er sich anvertrauen muß, damit er helfe. Zu solcher Hilfe ist der Seelsorger berufen.

Es war ein Beamter, der magerte ab und kränkelte, und kein Arzt konnte ihm helfen. Endlich sagte einer dieser Ärzte: »Ich glaube, hier ist nicht der Arzt, sondern der Seelsorger not!« Dieser kam, und der Mann bekannte eine Geldunterschlagung. Er erlitt willig seine Strafe, aber er genas. – Also, wen eine bestimmte Schuld drückt, sie sei offenbar oder verborgen, der gehe zum Seelsorger und bekenne. Der wird ihm raten und zeigen, wie die Sache vor Gott und Menschen zu ordnen sei. Dann wird er darüber zur Ruhe kommen.

Einen andern zog man tot unter den Rädern der Eisenbahn hervor. In seiner Tasche fand sich ein Zettel, auf dem stand: Ich gehe wegen einer Sünde in den Tod. Armer Mann, nicht auf die Schienen, sondern in die Privatbeichte hättest du gehen sollen, dann wäre dir geholfen worden! – Wie können bestimmte Sündenketten binden und quälen, der Hochmut, die Heftigkeit, die Unkeuschheit. Schleppt man solche Kette von einem Jahr ins andere, so wird sie zum Bann (lies Jousa, Kapitel 7), und ein gewisser, freudiger, siegreicher Christenwandel ist nicht möglich. »Fleuch vor dem verborgenen Bann«, so heißt es als guter Rat in dem Liede: Ringe recht . . . Dann hin zum Seelsorger! In tausend Fällen schon ward in geheimer Not und Schande (sechstes Gebot!) die Macht der Sünde gebrochen durch ein offenes Bekenntnis, und die Heilung setzte ein. Der

Seelsorger wird dir raten und mit dir beten, und die Sündenkette wird reißen, wie die Stricke an Simsons Händen, als Gottes Geist über ihn kam.

Nun sei auch aufrichtig beim Bekennen! Sag nicht das Kleine und verschweig das Große. »Ich habe einen Strick gestohlen!« bekannte auf dem Missionsfeld ein Landmann seinem Missionar. Aber am nächsten Tag war er schon wieder da: »Ich kann keinen Frieden finden – ich habe noch mehr gestohlen.« »Was denn?« »Ja – an dem Strick ist auch noch – eine Kuh gewesen!« – Wie hältst Du's beim Bekennen? Strick oder Kuh? Die Hauptsache oder Nebendinge? Ganze oder halbe Wahrheit? Den Mund aufgetan! Herunter mit der Last!

Auch wer nicht zum Frieden mit Gott kommen kann und weiß nicht, woran es liegt, gehe zur Privatbeichte. Ist kein Friede und keine Kraft da, so stimmt etwas nicht. Wo Jesus ist, ist Friede und ist Kraft. Der Seelsorger wird dir hinhelfen zum Herrn. – Privatbeichte erspart dir viel bittere Tage, viel dunkle Stunden!

Und der Seelsorger schweigt, muß unbedingt schweigen. Privatbeichten sind Amtsgeheimnisse. Für bedrängte Seelen aber ist der Seelsorger, auch der vielbeschäftigte, zu sprechen, »und wenn man ihn nachts aus dem Bette holen würde« – so hörte ich einen der Gemeinde abkündigen.

Oder geh auch zu einem erfahrenen Christen und vertrau dich ihm an. Nur bleib nicht allein mit deiner Schuld und Not, so lieb dir deine Seele ist.

Luther sagte einmal: Der Teufel hätte mich längst umgebracht, wenn mich nicht die heimliche Beichte (Privatbeichte) gehalten hätte. Eine Konfirmandin sagte: »Nichts Schöneres als die Privatbeichte.«

Ja, sie ist ein Segensweg.

Bekenne einer dem andern seine Sünden; und betet füreinander, daß ihr gesund werdet. Des Gerechten Gebet vermag viel, wenn es ernstlich ist. *Jak. 5, 16.*

8. An des Königs Tisch

Unseres Königs Tisch ist das Heilige Abendmahl. Nur gleicht's nicht einer königlichen Tafel im Palast, sondern im Feldlager. Im Palast ist alles glänzend und voll Pracht, im Feldlager ist alles schlicht und unscheinbar, und doch ist auch da des Königs Tisch, des Königs Gegenwart. Wir Christen sind noch nicht in unsers Himmelskönigs Palast – der kommt droben! –, sondern in seinem Feldlager. So ist im Heiligen Abendmahl alles schlicht und unscheinbar. Und doch ist's des Königs Bewirtung, des Königs Gegenwart. Es ist eine verborgene Herrlichkeit. Und freundlich werden wir genötigt von dem himmlischen Gastgeber:

Schmecket und sehet!

Den schönen Psalmspruch kennt ein jeder: »Schmecket und sehet, wie freundlich der Herr ist.« Am schönsten ist er am Abendmahlstage. Denn an ihm gibt's viel Herrliches zu sehen und zu schmecken. Morgens fängt's an.

Sahest du schon eine Magnetnadel? Die hat eine merkwürdige Eigenschaft. Man kann sie schütteln und stoßen, wie man will, immer wieder zeigt sie nach Norden. Ein rechter Tischgast Jesu ist ihr ähnlich. Es gibt am Morgen vor dem Kirchgang noch allerhand zu tun oder zu arbeiten. Aber immer wieder heißt's in seiner Seele: Heut darf ich an meines Königs Tisch kommen! Das inwendige Auge schaut immer wieder auf den Herrn hin. Der Feind bringt Zerstreuung. Er respektiert den schönsten Abendmahlsanzug nicht, nur das Kleid der Buße und des Glaubens. Das wird zum Panzer und Schild und scheucht ihn hinweg. Stilles Beten auf dem Wege zum Gotteshaus ist besser als viel Reden mit anderen von äußerlichen Dingen. Geht's durch Feldeinsamkeit, so lasset ein frohes Morgenlied erklingen: »Halleluja, schöner Morgen«, »Morgenglanz der Ewigkeit« oder der eins. Dann schmeckt die Seele heilige Vorfreude am Morgen.

Und nun hinein ins liebe Gotteshaus! Da heißt's erst recht: Schmecket und sehet! Beim *»Heilig, heilig, heilig«* sehe ich im Geist die Engelchöre, die einst Jesajas Auge sah, Engel und Menschen eine lobsingende Gemeinde! Bei den *Einsetzungsworten* sehe ich meinen Heiland, wie Er am Gründonnerstag zum erstenmal sich selbst den Seinen zur Speise und zum Trank macht. Und sehe Ihn, wie Er am Kreuz Seinen Leib in den Tod gibt und Sein Blut vergießt auch für meine Sünden. Das herrliche *Vorbereitungsgebet:* »O Herr, ob ich zwar nicht würdig bin . . .« hat eine wunderbare Kraft, das Herz zum freudigen Empfang des Allerheiligsten zu eröffnen.

»Ebnen soll sich jede Welle,
denn mein König will sich nah'n.«

Ehrerbietig und demütig, aber auch mutig und freudig empfange ich nun Ihn, meinen Heiland, der einst Sein Leben für mich gab und jetzt Sein Leben in mich gibt. »Komm herein, du Gesegneter des Herrn, was stehst du draußen?« klingt's tief in der Seele. Und dann darf ich laut und fröhlich einstimmen in des alten Simeon Lobgesang: » . . . meine Augen haben deinen Heiland gesehen . . . « –

Und den ganzen Tag klingt's wohl wie eine Glocke im Herzen:

»Ich habe Jesu Fleisch gegessen,
Sein Blut hab ich getrunken hier;

Nun kann Er meiner nicht vergessen,
Ich bleib in Ihm und Er in mir.«

Heiliges Schmecken und Sehen an des Königs Tisch!

Freude die Fülle!

Der alte fromme Bauer Bugenhagen, so erzählt Pastor Louis Harms in Hermannsburg, trug am Abendmahlstag immer ein Sträußchen im Knopfloch. Fragte ihn jemand, weshalb, so erwiderte er mit vor Freude leuchtendem Angesicht: »Ich feiere heute die Verlobung mit meinem Herrn Jesu.« Das war eigenartig ausgedrückt, aber der Kern der Sache war getroffen, die Fülle der Freude verstanden. Und Bibelgrund hatte der liebe Alte auch unter den Füßen für seine Worte. Das kann man im Propheten Hosea 2, Vers 21 und 22 nachlesen.

Der Heiland selbst hat uns das Tor zu der Freudenfülle an Seinem Tisch weit aufgetan durch Seine Aussprüche. Er sagt einmal: »Wer mein Fleisch isset und trinket mein Blut, der bleibet in mir und ich in ihm.« Also

Ich in Christo!
Christus in mir!

Fassest du das im Glauben, so hast du: Freude die Fülle.

Ich in *Christo!* Sieh das kleine, hilflose Kind an auf dem Schoß der Mutter. Geborgen ruht's am Mutterherzen, seine Tränen versiegen unter der weichen linden Mutterhand. So, nur in noch tieferer Weise ergeht's dem gläubigen Tischgast Jesu. Mit all meiner Schwachheit und meinem Elend darf ich mich bergen in meines Heilandes Händen und an Seinem Herzen. »Ihr werdet Ruhe finden für eure Seelen«, hier wird's erfüllt. Schon hier auf Erden hebt Er an, uns die Tränen von den Augen abzuwischen. Seliges Geheimnis!

In Christo, das ist mehr als bei Christo, mit Christo, *unter* Christo. »Ein Mensch in Christo«, so nennt sich einmal der Apostel Paulus. Auch als Abendmahlsgast darf ich's sein. Somit bin ich Ihm ganz nahe. Auch der listige Satan, die gefährliche Welt, das sündige Fleisch sind mir nahe genug. Aber ich bin »in Christo«, so ist mein starker Heiland mir näher als jene Bedränger. Er steht als ein Schild zwischen mir und meinen Feinden.

Ich in Christo! Schon das ist Freude die Fülle. Aber noch mehr:

Christus in mir! Da muß ich bedenken, wer Er ist und was Er kann. Der gekreuzigte Heiland ist Er, so kann Er mir Gerechtigkeit und Frieden bringen. Er ist der auferstandene, lebendige Herr, so kann Er mir Leben bringen. Er ist der erhöhte Heiland, so kann Er mich mit Seinem Geist beschenken. Er ist das wahre Licht, so kann Er mir Licht geben für meinen Lebensweg. Ich bin der Weinstock, sagt Er, so kann Er mich, seine arme Rebe, mit Kraft und Saft erfüllen. Ich bin die Wahrheit, spricht Er, so kann Er mir raten. Ich bin die Auferstehung, spricht Er, so ist die Ewigkeit mein. Seliges »Ich bin« in Jesu Munde. Er kann helfen denen, die versucht werden. Er kann erretten (Hebr. 7, 25). Er kann uns anrühren, wie Er alle die Elenden in den Evangelien anrührte, und Elend in Herrlichkeit verwandeln. Ja, Er kann – und Er will! Und ob ich das alles schon aus dem Worte Gottes weiß – im Heiligen Abendmahl bekommt mein ganzer Mensch, Seele und Leib an Ihm teil. Da soll ich ganz von Ihm durchdrungen werden. Christus in mir! Nun erst recht: Freude die Fülle!

Ach, es gibt so viele freudearme und freudlose Menschen, auch schon unter der Jugend. Wenn die doch wüßten, welch eine Freudenquelle die Vereinigung mit dem Herrn Jesu ist.

In einem chinesischen Bergvolk war die erste Familie zur Bekehrung gekommen vom Götzendienst zu Jesu Dienst. Da schrieb der Hausvater in seiner frischen Freude mit großen Buchstaben über die Haustür die Worte: »Der kleine Himmel.« Denn so war ihnen allen zu Mute, war doch Jesus bei ihnen eingezogen und hatte Friede, Freude und Liebe mitgebracht. Jawohl, »der kleine Himmel« ist überall da, wo Jesus in einem Herzen und in einem Hause wohnen kann. Da fängt der Himmel auf Erden an. Und »der kleine Himmel« ist insbesondere da, wo wir die Himmelsspeise, Jesum, im Glauben empfangen im Heiligen Abendmahl. Da gilt's: »Hier ist die Pforte des Himmels.« Da gibt's:

Freude die Fülle!

Bibelwort und Bibelvers zum Bewahren und Bewegen

Er hat ein Gedächtnis gestiftet seiner Wunder, der gnädige und barmherzige Herr. Er gibt Speise denen, so ihn fürchten; er gedenket ewiglich an seinen Bund.

Ps. 111, 4 und 5.

An welchem Ort ich meines Namens Gedächtnis stiften werde, da will ich zu dir kommen und dich segnen.

2. Mose 20, 24.

Du bereitest vor mir einen Tisch gegen meine Feinde. Du salbest mein Haupt mit Öl und schenkest mir voll ein.

Ps. 23, 5.

Siehe, ich stehe vor der Tür und klopfe an. So jemand meine Stimme hören wird und die Tür auftun, zu dem werde ich eingehen und das Abendmahl mit ihm halten und er mit mir. *Offb. Joh. 3, 20.*

Ich will die müden Seelen erquicken und die bekümmerten Seelen sättigen. *Jer. 31, 25.*

Jesus sprach zu ihnen: »Wahrlich, wahrlich ich sage euch: Werdet ihr nicht essen das Fleisch des Menschensohnes und trinken sein Blut, so habt ihr kein Leben in euch. Wer mein Fleisch isset und trinket mein Blut, der hat das ewige Leben, und ich werde ihn am Jüngsten Tage auferwecken. Denn mein Fleisch ist die rechte Speise, und mein Blut ist der rechte Trank. Wer mein Fleisch isset und trinket mein Blut, der bleibt in mir, und ich in ihm.« *Joh. 6, 53–56.*

Er befiehlt's, sein Fleisch zu essen,
Meines Jammers zu vergessen:
Er gebeut's, sein Blut zu trinken,
Ganz in Freude zu versinken,
Daß ich einen Heiland habe,
Der sich selbst zur Opfergabe,
Ja, sein Opfer mir zum Leben,
Mir zur Speis', zum Trank gegeben.
Aller Trost und alle Freude
Ruht in dir, Herr Jesu Christ;
Dein Erfreuen ist die Weide,
Da man sich recht fröhlich ißt.
Leuchte mir, o Freudenlicht,
Ehe mir mein Herze bricht;
Laß mich, Herr, an dir erquicken,
Jesu, komm, laß dich erblicken.
Volles G'nügen, Fried und Freude
Jetzo meine Seel ergötzt,
Weil auf eine frische Weide
Mein Hirt Jesus mich gesetzt.
Nichts Süßers kann also mein Herze erlaben,
Als wenn ich nur, Jesu, dich immer soll haben;

Nichts, nichts ist, das also mich innig erquickt,
Als wenn ich dich, Jesu, im Glauben erblickt.

Will hinfort mich etwas quälen,
Oder wird mir etwas fehlen,
Oder wird die Kraft zerrinnen,
So will ich mich nur besinnen,
Daß ich einen Heiland habe,
Der vom Kripplein bis zum Grabe,
Bis zum Thron, wo man ihn ehret,
Mir, dem Sünder, zugehöret.

Freudenstörer, hinaus!

Leider, leider, es gibt auch Freudenstörer, die wollen uns unser Teil Freude an des Königs Tisch schmälern oder gar verzehren. Verkehrte eigne Gedanken sind für viele Abendmahlsgäste solche Freudenstörer. Wollen wir diesen zweideutigen Gesellen einmal ins Angesicht leuchten.

So hat z. B. mancher den Gedanken: *»Ich bin zu schlecht!«* Und nun geht er ohne Freude und nur mit Angst und Zittern zum Tisch des Herrn, oder er geht gar nicht. Aber welcher Kranke sagt denn: Herr Doktor, ich komme lieber nicht zu Ihnen, denn ich bin zu krank? Nein, sondern der Kränkste paßt sehr gut zum Arzt, und der schlechteste Mensch und große Sünder paßt sehr gut zum Heiland, wenn er nur heil werden will von seinem Schaden. Wie du bist, so darfst du kommen und wirst freundlich aufgenommen. Freilich: Wie du bist, so darfst du nicht bleiben!

»Mein Glaube ist zu schwach.« Schwach mag er sein, aber nicht halb. Ein Mensch mit *halbem* Glauben ist wie

eine untreue Braut, die es auch mit anderen Männern hält. Solch ein Mensch will mit den Glaubenshänden zugleich den Heiland und auch die sündige Welt erfassen, will Christo nachwandeln, aber auch die Weise der weltlichen Menschen gerne mitmachen. Das geht nicht. Höre einen Vers, der schon manch einem die Augen öffnete über sich selbst:

»Halb dem Herrn sich ergeben
Bringt ein wahres Jammerleben.
Brich durch, es koste, was es will,
Sonst wird das arme Herz nicht still!«

Aber ein Mensch mit *schwachem* Glauben hält sich mit beiden Glaubenshänden an den Herrn, nur so schüchtern und ängstlich. Aber auch das kleinste Kind ist sicher, wenn's mit zitternder Hand des Vaters Hand hält und sich führen läßt am Abgrund. »Den glimmenden Docht wird Er nicht auslöschen« – sondern anfachen. Er tut's besonders an seinen Tischgästen.

»Ich fühle nichts«, nichts von Friede und Freude. Freund, es kommt nicht aufs Fühlen an, es kommt aufs Glauben und Annehmen an. Christus, im Glauben genommen, ist die Hauptgabe, Friede und Freude im Herzen sind zwar herrliche Gottesgaben, aber doch nur Beigaben. Die Hauptgabe ist mehr als die Beigaben. Ist die Hauptgabe dein, die Beigaben werden schon noch folgen. Ist Christus dein, Friede und Freude werden schon noch folgen zur rechten Zeit. Und Christus ward dein am Abendmahlstisch – das steht fest. »Wenn ich auch gar nichts fühle!« Wenn ich nur – glaube, Ihm fest vertraue!

»Ich habe Zweifel.« Armer, zweifelnder Thomas du! Aber sehnt sich dein Herz nach dem Heiland, und plagen

dich nur deine klugen Gedanken, so komm dennoch zu Jesu Tisch. Dies Gewölk der Zweifelsgedanken weicht endlich vor des Erlösers Gegenwart wie die Wolken vor der Sonne. Du wirst ein glücklicher Thomas werden wie jener erste. – Darum mit Ernst:

Freudenstörer, hinaus!

Und nun nach all den Freuden*störern* möge auch noch ein Freuden*förderer* zu Worte kommen. Ich denke, so kann man das folgende ernste und schöne Gedicht eines neueren Dichters (Philippi) nennen.

Er sah mich an
Mit den Augen der Ewigkeitstiefe
Als ein Wissender:
»Du wirst verhungern ohne mich,
Denn ich bin Brot!«
Und als er mich ansah,
Stand in meiner Seele
Der Hunger auf und rief:
»Gib mir das Brot!«
Ich aber ging hinweg zu den andern
Und aß Erde . . . und nannte es Leben!
Aber die Seele ward nicht stille in mir,
Soviel ich ihr befahl und das Beste der Erde
Ihr brachte zu essen . . .
Daß ich zuletzt sie ausreißen wollte
Und konnte nicht!
Und sie flehte bald wie ein Kind,
Bald stand sie auf wie ein Sturm
Und rüttelte mich und schrie mich an
Als Mörder! Und wollte Brot.
Da hab ich's länger nicht ertragen,
Nun komm ich wieder, Herr Jesu,
Und weiß, daß du recht geredet,

Ich muß verhungern ohne dich,
Denn du bist Brot!
Und er sah mich an
Mit den Augen der Ewigkeitstiefe
Und brach das Brot.

Statt Segen – Fluch

Der Kaiser Heinrich VII. im Mittelalter ließ sich 1313 in Pisa in Italien von einem Mönch das Heilige Abendmahl reichen. Aber das Abendmahlsbrot war vergiftet. Des Kaisers Feinde hatten's getan. Jener fühlte alsbald die Todeswirkung und sagte zu dem Mönch: »Du hast mir das Brot des Lebens zum Tode gereicht.«

Die Lebensspeise zum Tode! Wie furchtbar! Kommt's heute noch vor? O gewiß! Nur sind nicht andere schuld, der Abendmahlsgast ist selber schuld. Und das Gift liegt in dem Worte: Unwürdig!

Das ist eins der »Flammenworte« der Hl. Schrift: »Welcher nun unwürdig isset und trinket, der isset und trinket ihm selber das Gericht damit, daß er nicht unterscheidet den Leib des Herrn« (1. Kor. 11).

Unwürdig? Wer ist's? Der, der seine Sünde nicht achtet, ja irgendeine Sünde liebevoll festhält. Der Schächer am Kreuz wäre ein würdiger, der aufgeblasene Pharisäer im Tempel ein unwürdiger Abendmahlsgast gewesen. Ein unkeuscher Mensch z. B. tut oft folgenschwerere Sünde als ein unlauterer oder ein heftiger Mensch. Aber hat jener sein Leben gründlich ändern lassen durch den Herrn, so geht er würdig, und ein Lügner, der ruhig weiter lügt, und ein Zornesmensch, der ruhig weiter tobt und haßt, geht unwürdig zu Jesu Tisch. Nur kein bewußtes Festhalten auch an der kleinsten Sünde, nur kein geheimer Vorbehalt: das tu ich aber weiter! Wie rief in der ersten christlichen Kirche der Priester vor der Austeilung des Abendmahls? »Hinweg ein jeder, der in Feindschaft, der in Heuchelei kommt!« Ein Spruch sagt: Rein ab und Christo an, so ist die Sach getan.

Nochmals: Wer ist unwürdig? Wer gleichgültig an dem Heiland vorbeigeht, sich Seinem Einflusse entzieht, statt sich Ihm anzuvertrauen. Fragt man solch einen: »Warum in aller Welt gehst du denn zum Abendmahlstisch?« – »Ach, es gehört nun einmal dazu, es ist eine religiöse Pflicht, ich will mich nicht ausschließen.« Freund, laß dich warnen! Hände weg vom Heiligtum! Oder – ändere deine Herzensstellung, unterwirf dich dem Sohne Gottes.

Unwürdig! Wer's ist, der ißt und trinkt in einer Reihe mit den andern Abendmahlsgästen, und zugleich mißachtet er den Herrn Jesus und widerstrebt ihm. Paulus drückt's so aus: »Er unterscheidet nicht den Leib des Herrn (von gewöhnlicher irdischer Speise) und ist schuldig (= versündigt sich) am Leibe und Blute des Herrn« (ähnlich wie in der Leidensgeschichte alle die taten, die Jesum mißhandelten).

Ein Mann wollte gerade das Heilige Abendmahl empfangen, da befiel seinen Körper eine entsetzliche Erschütterung, und er bebte an allen Gliedern. Mit Mühe nahm er das Brot, aber beim Kelch war's unmöglich, so heftig wurden die Zuckungen. Da sprach der Pastor: »Das ist Gottes Finger! Geht nach Haus und prüft euer Leben.« Als er ihn besuchte, erfuhr er, daß er seine Frau geschlagen habe und im Zorn unversöhnt zum Abendmahl gegangen war. Da sah man's: »Er isset und trinket sich selber das Gericht.«

Statt Segen – Fluch! Der Herr weiß solch einen zu

finden, genau wie jenen Gast an der königlichen Hochzeitstafel, der kein hochzeitlich Kleid anhatte. »Für den Schwachen und Angefochtenen ist das Heilige Abendmahl eine stärkende Arznei, für den Unwürdigen aber ein brennendes Feuer, das ihm zum Höllenfeuer werden muß.« Statt Segen – Fluch!

Gott sei Dank, noch ist Gnadenzeit. Der Unwürdige kann würdig werden. Dann empfängt er nicht Fluch sondern Segen!

Siehe, meine Knechte sollen essen, ihr aber sollt hungern; siehe, meine Knechte sollen trinken, ihr aber sollt dürsten; siehe, meine Knechte sollen fröhlich sein, ihr aber sollt zu Schanden werden. *Jes. 65, 13.*

9. Danket dem Herrn!

Es war an einer königlichen Hoftafel. Ein Mann im Bettlergewand trat plötzlich herzu, aß und trank von den Gerichten und ging ohne ein Dankeswort wieder hinaus. Darob große Entrüstung bei den Höflingen. Aber der hohe Herr – es war Alphons von Kastilien – hatte den Mann heimlich bestellt, denn die Hofleute hatten das Dankgebet bei Tisch eine überflüssige Formsache genannt. Nun sagte er ihnen: »Ihr zürnt über jenen Mann, der von meinem Tische aß, ohne mir zu danken. Nun zürnt über euch selber, daß ihr dem Herrn da droben, der uns alle täglich speist, den Dank verweigert.« Da schwiegen sie beschämt.

Danket dem Herrn! – für die irdische Speise und nun erst recht für die hohe, himmlische, heilsame Speise des Heiligen Abendmahls an Jesu Tisch!

Kleine Dinge

Ich danke auch, sagst du, schon gleich nach dem Empfang der Abendmahlsgaben an deinem Platz im Gotteshaus. Recht so. Da beugst du die Knie. Knien – nein, das ist nicht katholisch, das ist gut biblisch: »Kommt, laßt uns knien und niederfallen vor dem Herrn, der uns gemacht hat«, steht Psalm 95, 6. In der knieenden Haltung sind die Gebetsworte schier noch gesammelter als in anderer Stellung, dünkt mich.

Also du hältst ein stilles Dankgebet. Darf ich einmal auf deine Flüsterworte horchen? Wie, das Vaterunser? Aber das ist im Gottesdienst doch schon ein- oder zweimal vorgekommen. Nun noch ein drittes Mal? Nein, das ist zu viel. Eins wird zum Märtyrer, d. h. wird unachtsam gebetet werden. Darum bitte, bete dann lieber etwas anderes, etwa Psalm 103, den Anfang: »Lobe den Herrn, meine Seele«, oder Liederverse wie: »Ich habe Jesu Fleisch gegessen« (aus: Wer weiß, wie nahe mir mein Ende), oder »Mein Lebetage will ich dich aus meinem Sinn nicht lassen« (aus: Ein Lämmlein geht), oder: »Herr, mein Hirt, Brunn aller Freuden« (aus: Warum sollt ich mich denn grämen).

Noch zwei kleine Dinge: Es ist gut, daheim im Kämmerlein, wo man die Selbstprüfung hielt, ebenfalls dem Herrn zu danken. Und dann: Gib den Deinen, die auch zum Tisch des Herrn waren, die Hand und sage deutlich: »Ich wünsche dir Gottes Segen« oder »viel Kraft« oder »reichen Trost«. Grüße sie auch an solchem Segenstage mit einem herzlichen Kuß. Gar manche müde gearbeitete Mutter sollte von den heranwachsenden Kindern öfter solch Liebeszeichen erfahren. Auch der »heilige Kuß« ist der Bibel nicht zu gering, sie redet davon.

Kleine Dinge – und doch nicht zu klein!

Mit Herz und Mund

(Dankgebete)

Danken und Danken ist zweierlei. *Der* dankt für eine Wohltat mit ein paar leicht hingeworfenen Dankesworten , und *der* wieder mit Worten, denen man den Klang echter Dankbarkeit anmerkt: »wenig Wort und viel Kraft«. Jener dankt mit dem Mund ohne das Herz und dieser mit Herz und Mund. Ihr reichbeschenkten Tischgäste Jesu, wie ist euer Danken?

Am besten ist's, dem Herrn selber sagen, was das

dankbare, frohe Herz eingibt. Ungeschickte Stammelworte der kleinen Kinder sind dem Vater lieber als wohlgesetzte Worte der großen Kinder. Schlichte Herzensworte der eignen Andacht mögen tiefer dringen zum Herzen Gottes, als was wir aus Gebetbüchern nachbeten. Lehrmeister sollen uns diese sein fürs eigne Beten. Nur zur Anleitung hier ein schlichtes

Gebet

Lieber Herr und Heiland, ich danke dir von Herzen, daß du im Heiligen Abendmahl mir begegnet bist mit großer Gnade. Ich durfte an deinem Tisch essen und trinken. Du selber bist meine Speise und mein Trank geworden. Ich preise dich für diese große Liebe. Nun bin ich nicht mehr für mich allein, sondern ich weiß, du bist immer bei mir, bist mir ganz nahe. Du willst allezeit mein starker Erretter und treuer Freund sein. Darüber freue ich mich immer wieder. Ich will nun auch mein Leben führen in deiner Gegenwart. Deine Hand wird mich leiten auf rechter Bahn. Dein Auge wird auf mich schauen überall. Ich will dir folgen, lieber Herr! Dann wird die Sünde mich nicht überwältigen, der Satan mich nicht fangen und betrügen und auch die Menschen, die nach dir nichts fragen, können mir keinen Schaden tun an der Seele oder dem Leib. Herr, ich bin dein und bleibe dein mit Leib und Seele, im Leben und im Sterben. Amen!

Noch ein Gebet

Lieber Herr Jesu! Ich bin so froh, daß ich dein Gast sein durfte. Du bist in mein Herz hineingekommen, du hast mir meine Sünden vergeben, du schenkst mir neues Leben und willst mich endlich in die ewige Seligkeit aufnehmen, ja mich schon hier zu einem seligen Menschen machen. Ich danke dir, so viel ich kann, und lobe deinen heiligen Namen. Ich will auch mit meinem Leben dir Ehre zu machen suchen und möchte gern in allem nur nach deinem Willen fragen und dir Freude bereiten. Hilf mir dazu! Ich bin gewiß, du hilfst mir, heut und allezeit. Amen.

Fürs Beten nimm noch einen guten Rat. Er ist vielleicht ein ganzes Gebetbuch wert. Er lautet: Wandle die Bibelworte, die du liesest, in Gebete um! Man kann nämlich bei jedem Bibelvers einen Augenblick stille halten und fragen: Was sagt der Herr mir durch dies Wort? Oder näher hat einer die Fragen treffend so gestellt: Weiß ich das? Bin ich das? Hab' ich das? Kann ich das? Alsdann weiß ich bei jedem Gotteswort sofort, was ich zu bitten oder wofür ich zu danken habe. Ein Abendmahlswort als Beispiel: Johannes 6, 55 z. B. steht: Mein Fleisch ist die rechte Speise, und mein Blut ist der rechte Trank. Da dankst du und sagst etwa: Hab Dank, lieber Herr, daß du meine Seele nährst und stärkst mit Speise und Trank, die besser und stärker sind als irdische Nahrung. Und du bittest: Nun laß mich von dieser rechten Speise recht stark werden in Glaube, Liebe und allem Guten.

So wächst aus dem Bibellesen das Beten heraus wie Blüten, Blätter und Früchte aus dem Baum. Und durch solch Beten wird wieder das Bibellesen eine lebendige und frische, reiche und frohe Sache.

Am Bibelbuch gibt's viel zu entdecken. Auch dies: bei manchen Bibeln findet sich vorn ein »Kurzer Unterricht August Hermann Franckes, wie man die Heilige Schrift zu seiner wahren Erbauung lesen soll«. Da steht's prachtvoll beschrieben, wie in jedem Bibelwort ein Gebet steckt. Hast du's schon entdeckt – den »Unterricht« und das Beten selbst?

Lobe den Herrn, meine Seele, und was in mir ist, seinen heiligen Namen! Lobe den Herrn, meine Seele, und vergiß nicht, was er dir Gutes getan hat, der dir alle deine Sünden vergibt, und heilet alle deine Gebrechen. *Ps. 103, 1–3.*

Leben um Leben!

Es war nach der Auferstehung. Jesus steht im Morgengrauen am Ufer des Sees Genezareth, die Seinen erwartend. Endlich erkennen sie ihn. Petrus stürmt schwimmend ans Ufer, die andern folgen. Aber keiner wagt, Ihn anzureden. Da grüßt und lockt Er sie: »Kommt und haltet das Mahl!« Er speist, Er stärkt die Müden. Dann wendet Er sich zu Petrus: »Hast du mich lieb? Weide meine Schafe! Folge mir nach!« Da hatte Petrus seine Lebensaufgabe. Sie erforderte den ganzen Menschen, das ganze Herz. Petrus hat sich ganz dafür eingesetzt, lebenslang. So dankte er seinem Herrn.

So auch bei uns. Der Herr hat Sein Leben für uns gegeben. Was Er an Seinem Tisch uns reicht, ist Sein Leben, Sich selbst, die größte Gabe. Darf unser Dank wohl kleiner sein, als unser Leben in Seine Hand zu legen? Leben um Leben! Ach, Ihm das Leben weihen heißt nicht es verlieren, sondern es wahrhaft gewinnen.

»Großen Dank« sagt man in manchen Gegenden unseres Vaterlandes. Dank nur mit Worten ist kleiner Dank. Dank mit dem Leben ist großer Dank. Ach, er ist klein genug. Aber so sei's: Mein ganzes Leben sei ein Dank. Leben um Leben!

Dank sei dir, du Gotteslamm,
Daß du überwunden
Und für mich am Kreuzesstamm
Die Erlösung funden.
  Ich bin dein!
  Dir allein
Will ich mich ergeben
In Dir siegen, leben!

10. Von Jesu Tisch wieder ins Leben hinein

Ein todmüder, verzagender Mann lag schlafend unter dem Wacholder. Da deckt ihm in der Stille Gottes Engel den Tisch in der Wüste. Ein Laib Brot und eine Kanne Wasser stellt er hin, rührt ihn an und spricht: »Stehe auf und iß, denn du hast einen weiten Weg vor dir.« Elia aß und trank, da durchdringt's ihn mit neuer Kraft; er wandert und wandert »in Kraft derselbigen Speise« nicht einen Tag, nicht zwei Tage, sondern vierzig Tage und vierzig Nächte bis an den Berg Gottes, Horeb. Neue große Aufgaben warten dort des neugestärkten Propheten.

An Jesu Tisch dürfen wir essen und trinken. Ist das Herz nur aufnahmefähig im Glauben, dann durchdringt's auch uns mit Himmelskraft. Denn Heilandskraft ist Himmelskraft. Nicht nur eine flüchtige Feierstunde ist uns zuteil geworden, sondern es folgt ein Wandern, ein Leben mit dem Herrn. Mit Jesus wieder ins Leben hinein. So ist's aber nicht bei allen, nur bei den einen. Und die andern?

Verschüttete Kraft!

Auf einer Missionsstation wohnte ein Heide einer andächtigen Abendmahlsfeier bei. Auf sein Fragen sagte man ihm, daß der Christen Gott die Herzen seiner Gäste reinige von Geiz, Neid und anderen Sünden und dann bei ihnen einkehre, um dort zu wohnen. Er beobachtete nun den Wandel der Christen und sah nach zwei Tagen, wie der eine zankte, der andre fluchte, da rief er aus: »Eure Religion mag gut sein, aber eure Gastfreundschaft ist schlecht. Ihr gewährt eurem Gott nicht für zwei Tage Herberge.« Der Mann fühlte richtig heraus, zum Abendmahl gehen und dann die alten Sünden wieder tun – das paßt nicht. Und doch, gibt's leider nicht auch unter der Jugend Abendmahlsgäste, von denen jener Beobachter sagen könnte: Von Jesu Tisch wieder in den alten Leichtsinn, in die alte Eitelkeit, in die alten Sünden hinein? Der Herr klagt einmal: Bleibt doch der Schnee länger auf dem Libanon und das Regenwasser verschießt nicht so bald, als mein Volk meiner vergisset. Und wie rasch pflegt die Sonne des Morgenlandes den Schnee auf dem Libanon zu verzehren! Sind solche Menschen wirklich Tischgäste Jesu oder sind's – Schmarotzer?

Im Kriege erzählten die Soldaten: Merkwürdig, ausgerechnet am Sonntag kommt oft der schlimmste Sturmangriff, der mörderischste Granatenhagel. Aber auch das ist wahr: Ausgerechnet am Abendmahlstag macht auch Satan Sturmangriff auf junge Seelen und sendet seine feurigen Pfeile. Freilich fängt er's ganz, ganz heimlich an. Ein kleiner Ärger daheim! Oder ein »guter (Welt-) Freund« holt dich ab. Er weiß nicht, daß du heute zum Abendmahl warest, und du schweigst feige, statt zu sagen: Heut gehe ich lieber nicht mit. Scheust du ein spöttisches Lächeln des andern, diesen Nadelstich? Nadelstiche sind noch lange keine Kreuzesnägel! Wird's ein Zerstreuungssonntag in weltlicher, scherzender Gesellschaft, so ist's wie weggeweht, daß du eine Begegnung mit Jesu hattest. Oder gar: Vormittags: an Jesu Tisch. Nachmittags: auf den Vereinsball. Und nachts dazu! Ist auch schon vorgekommen. Vormittags: die Lust am Herrn. Nachmittags: tobende Weltlust! Mancher wollte nicht und ließ sich doch hinein verstricken. Da ist die Kraft verschüttet, der Segen verflogen, wie ein Vogel fortfliegt. Den Tag hat nicht Jesus, sondern der Feind gewonnen. Und oft die Woche dazu. Denn der Sonntag macht die Woche.

Verschüttete Kraft! Jammerschade!

Am *Einsegnungstag* zumal sei auf der Hut! An ihm hast du dem Heiland die Hand gereicht. Und – in vielen unserer Gemeinden – am gleichen Tage das heilige Mahl bekommen – Jesu Tischgast zum erstenmal in deinem jungen Leben! Nun, dann feiert nachmittags daheim in der Familie so, daß auch da der Heiland euer Tischgast – der unsichtbare, aber wahrlich gegenwärtige – sein und bleiben kann. Kein unflätig Tischgespräch! Kein ausgelassenes Wesen unter dem reichlichen Genuß alkoholischer Getränke. »Aber heute ist doch mein Einsegnungstag« – rief ein Junge einmal mitten in die Gespräche der Gästeschar hinein. Hatte er Grund?

Bei dem allerersten, wie bei jedem Abendmahlsgang soll's gelten:

Bewahrter Segen!

Den Segen bewahren – wie geschieht das? Durch das rechte Zusammensein und durch das rechte Alleinsein.

Zusammensein im eigenen Familienkreis am Nachmittag des Abendmahlssonntages ist doch viel schöner als dies Auseinanderflattern der einzelnen Familienglieder, der eine hierhin, der andere dorthin! Auch das Zusammensein in einem wahrhaft christlichen Freundeshaus ist etwas Herrliches. Da ist herzlicher Austausch, man redet von Dingen des Reiches Gottes, man singt ein Loblied oder liest eine gute christliche Lebensbeschreibung vor – all das bewahrt den Segen. Dann wird's nicht Satans

Jagdtag, sondern des Heilandes Weidetag. O selig Haus, wo du die Freude teilest!

Doch auch das rechte *Alleinsein* scheue nicht. Mancher scheint's zu hassen wie die Pest. Man möchte ihm zurufen: Freund, sei mehr allein – mit dem Herrn und dir selbst, du brauchst's. Wann ist z. B. soviel Zeit und Ruhe, etwas Reichlicheres aus Gottes Wort zu lesen als am Abendmahlstage? Wochentags sind's oft nur Tröpflein. Und gute Zeit wär's fürs Gebet.

Kennt ihr den lutherischen Weber Daniel Tschierlei aus der Verfolgungszeit unserer Kirche? Sein Leben ist das Kennenlernen wert. Einst ging seine Schwester Holz sammeln. Da sagte er sich: Nun bin ich allein, es ist gute Zeit, dem Herrn das Herz auszuschütten. Und als sie nach drei Stunden wiederkam, war er immer noch auf den Knien und fragte erstaunt, warum sie so bald heimkehre. Im Fluge war diesem Beter die Zeit vergangen. Ein Spruch sagt: »O schönes Einsam, welch ein Gemeinsam mit Gott allein.«

Wer den Segen am Abendmahlssonntag bewahrt, hebt neue Kraft auf für den Alltag. Abendmahlszeit ist neue Frühlingszeit fürs Christenleben. Neuer Saft, neues Leben dringt im Frühling in alle Zweige und Zweiglein bis zu den kleinsten. Die winterlich erstarrten Bäume fangen an zu grünen. So geht's dem Tischgast Jesu. Heilandskraft durchdringt das Alltagsleben. Ja:

»Es geht alles besser«

Einst sagte ein erfahrener alter Christ zu einem jungen: »In der Woche nach dem Abendmahlsgang geht bei mir alles besser.« Jawohl, es kann nicht anders sein, wenn wir's nur geschehen lassen. Nun, *was* geht besser?

Das *Glauben* geht besser. Glauben heißt auch: Auf Jesum blicken. Ein Tischgast Jesu blickt fester hin auf ihn. Den Blick auf Jesum gerichtet, blieb Petrus unverschlungen vom Meeresabgrund und wandelte auf dem Meere. Mit geschärftem Auge sehen wir auf den Herrn, so verschlingt uns nicht der Abgrund der Sünde und Not. »Lasset uns aufsehen auf Jesum, den Anfänger und Vollender des Glaubens« (Hebr. 12, 2).

Das *Lieben* geht besser. Jesus läßt seine Tischgäste etwas von Seiner Liebesfülle schmecken. Davon wird unser Liebesfunke mächtig angefacht, Gleichgültigkeit und Herzenskälte weichen. Der Herr lehrt uns selbstlos, rein, zart zu lieben, unsere Hausgenossen zumal. Der Tag wird reicher an Liebeserweisen. Leben heißt lieben!

Das *Arbeiten* geht besser. Wie hat Jesus gearbeitet und die Zeit ausgekauft! Wie freudig tat Er auch den niedrigen, unangenehmen Dienst, den Jüngern die Füße zu waschen! Jesu Tischgast hat sich mit Ihm, dem größten Arbeiter, aufs engste verbunden. Der treibt uns zu gewissenhaftem, willigem, demütigem Arbeiten in unserm Beruf unter Seinen Augen.

Das *Kämpfen* geht besser. In der Nibelungensage siegt Gunther im Wettkampf, weil der starke Siegfried, unsichtbar durch die Tarnkappe, hinter ihm stand. Der schleuderte den Stein, der half durch sein heimliches Tragen Gunther zu solch weitem Siegessprung. Jesus, der Überwinder, steht hinter uns. Er ruft uns zu: »Wer überwindet, der wird es alles ererben« (Offb. 21) und stellt uns Seine Kraft zur Verfügung.

Fällt's euch zu schwer, Ich geh voran,
Ich steh euch an der Seite,
Ich kämpfe selbst, Ich brech die Bahn,
bin alles in dem Streite.

Ist Jesus am Werk, so wird Kämpfen = Siegen! Aufs Kämpfen in eigener Kraft verzichten wir, schlagen uns auch nicht selbst mit der Sünde herum, aber wir kämpfen allerdings auf Tod und Leben um unsern »Platz an der Sonne«, d. h. den Platz bei Jesus, in Jesus, unter Jesus, mit Jesus. Und – das andre findet sich. Er bringt uns durch.

Das *Leiden* geht besser! Jesus, der Gekreuzigte, im Abendmahl empfangen – welch ein Tröster und Milderer unsers eignen Leides und welch ein Sterbenshelfer im dunklen Todestal.

Und bricht wie eine Sturmflut die kommende Christenverfolgung herein, nach der Schrift, fließt Märtyrerblut der Alten und der Jungen, welch einen Halt wird dann das Volk des Herrn in der Abendmahlsfeier an der Gegenwart des unsichtbaren Herrn haben. Aus nächster Nähe ruft Er den Seinen dann zu: Siehe, Ich komme bald. Und sie antworten: Ja komm, Herr Jesu!

Alles geht besser: Das Glauben und Lieben, das Arbeiten, Kämpfen und Leiden,

»also, daß sich kein Gebiet
Seinem Einfluß mehr entzieht«.

Aber:

Wer merkt's?

Der berühmte Klavierspieler Rubinstein sagte einmal: »Wenn ich einen Tag nicht Klavier übe, merke ich's, übe ich zwei Tage nicht, merken's meine Feinde, übe ich drei Tage nicht, merken's meine Freunde, vier Tage, merkt's die ganze Zuhörerschaft.« Umgekehrt sagen wir: einen Tag, zwei Tage, drei Tage, kurz, einen Tag nach dem andern angetan sein mit Heilandskraft – das sollte nicht zu merken sein? – *Und wer* merkt's?

Du *selbst* merkst's, denn dein Friede im Herzen wird tiefer und dein Christenwandel gewisser. Die *Deinen* merken's mit frohem Herzen, denn wachsende Liebe bleibt nicht verborgen. Die *Welt* merkt's mit Verdruß, denn du sagst ein mannhaftes »Nein« weltlichen Freunden oder Freundinnen, die dich hineinziehen wollen in ihr unordentlich Wesen. Der *Satan* merkt's mit Grimm, denn er kann dich nicht so leicht in einer Sündenschlinge fangen, du entgehst ihm. Der *Heiland* merkt's mit Freuden, denn fester hat Er dich in Seine Hand bekommen, Jesu Tischgast wird Jesu Diener und Nachfolger. Gott der *Vater* merkt's, denn Sein Kind ist näher gekommen Seinem Herzen. So werden wir selige Menschen, selig schon hier. Doch das Allerbeste kommt noch.

11. Laß endlich an des Lammes Tisch . . .

Hört eine Geschichte:

»Es war einmal ein König, der saß in seinem Gemach. Er wartete auf irgend etwas. Das bemerkte man leicht. Wiederholt trat er ans Fenster und blickte hinaus. Dann setzte er sich wieder nieder. Dann trat er ins Vorzimmer, wo viele Herren standen, dann ruhte er wieder. Jetzt endlich schritten die Herren ins Gemach. Ein Diener öffnete die Flügeltüren und der König trat mit seinem Gefolge auf den Schloßhof hinaus. Denn, ernst und gemessen bewegte sich, aus dem Felde heimkehrend, ein großes Volk dem König entgegen durch das gewölbte Tor in den freien Raum. Die Musik erscholl. Es war eine langsam-feierliche, wunderbare Weise. Fest, sicher, voll Selbstbewußtsein und doch in rührender Demut, traten sie alle einher, Führer wie Gemeinde. Es war, als ob jeder wisse: Auf mich kam es an, und wo ich auch stand, ich stand meinen Mann! Es waren die Augen von Siegern, die unter diesen stillen, klaren Stirnen leuchteten, aber von Siegern, die keine Ehre für sich selber suchten. Sie hatten nur die Ehre ihres Fürsten und Feldherrn retten, sie hatten nur ihre einfache Pflicht tun wollen, weiter nichts. Und darum, so wußten sie, verdienten sie auch nicht die Ehre, welche ihr Fürst ihnen zugedacht hatte. Es war Gnade, daß er sie unter seine Fahnen rief; es war Gnade, daß er in seine Farben sie kleidete; es war Gnade, daß er sie speisen, pflegen und führen ließ; es war Gnade, daß er sie streiten, leiden und siegen lehrte.

Und der König blickte jetzt auf die helle Schar, die sich nahte, während jauchzende Stimmen den weiten Platz füllten, und die Lobgesänge aufrauschend und brausend einfielen. Dann war alles still und der König redete zu seinen Getreuen.

Er redete so laut, daß seine königliche Stimme über den weiten Raum tönte und an den Burgmauern widerklang. Er grüßte seine ›Freunde‹. Sie hätten, so sagte er, wo sie auch gestanden, die Schlacht zum Stehen gebracht, an ihnen hätte sich der Anprall der Feinde gebrochen überall. Sie wären der kleine, aber feste Halt gewesen, an dem sich Wankende aufgerichtet, an dem sich Zersprengte geschlossen, um den sich Zerstreute gesammelt hätten. Sie hätten fest gestanden, ohne auf Erfolg zu rechnen, ohne Aussichten und Hoffnungen zu haben, fest gestanden, nur weil sie treu gewesen. Als er auf der Walstatt eingetroffen, da wären sie noch im Unterliegen die Helden gewesen, und die Schwerverwundeten und Zerschossenen hätten aus ihrem Elend und aus ihrem Blut ihm entgegengejauchzt und aus bleichen, bebenden Lippen ihn, ihren König, gegrüßt – niemals, niemals könne er das vergessen. Und wie sollte er sich nicht sichtbar zu denen bekennen, die sich zu ihm bekannt! So müsse er heut seine Getreuen in seinem Hause und an seinen Tischen bewirten.

So sagte der König. Ohne Tränen der Rührung und der Freude war kein Auge, auch der stärksten Männer nicht. Und der Jubel des umdrängenden Volkes verstummte nicht. – – Und nun folgte etwas, was man selten sieht.

An langen Tafeln, welche über den weiten Raum hin rasch aufgestellt waren, ließen sich die treuen Kämpfer freudestrahlend nieder. Der König mit seinen Dienern und Vornehmsten ging umher von Tisch zu Tisch. Der König schenkte dem gemeinen Mann, der seine Farben trug, selbst ein von seinem allerbesten Wein. Vom Gewächs des Weinstocks in seines Vaters Reich schenkte der milde König seinen Getreuen ein. – – Und die Hörner und Heerpauken klangen darüber hin – –. Solche Herrlichkeit hat nie ein Auge gesehn, als da geschah – –.« (Rocholl, Fest zur Fahne II S. 117).

Wißt ihr, was diese Geschichte bedeutet? Es gibt nicht nur auf Erden einen gnadenvollen Gottestisch, es gibt auch einen Tisch der Herrlichkeit im Himmel. Gottes Volk liegt, solange es auf Erden ist, zu Felde unter Christi Fahne im Kampf gegen Sünde und Teufel. Auch dein junges Leben gehört mit hinein in diese edle Kampfgenossenschaft. Der Kampf ist heiß – da schenkt der Herr an Seinem wunderbaren Tisch hier Stärkung und kurzes Ruhen zu neuem Kampf. Wie wird's sein, wenn für Seine Streiter- und Überwinderschar beginnt die ewige Feier, das Siegesmahl am Tisch des Lammes droben! – Wirst du dabei sein?

»Selig sind, die zu dem Abendmahl des Lammes berufen sind« (Offb. 19, 9).

Jesu Tischgast hier – unsre Freude und Stärke!
Jesu Tischgast dort – unser Hoffen und Trachten!
Lob sei dir, o Christe!

Ihr aber seid es, die ihr beharret habt bei mir in meinen Anfechtungen. Und ich will euch das Reich bescheiden, wie mir's mein Vater beschieden hat. Daß ihr essen und trinken sollt an meinem Tische in meinem Reiche.

(Luk. 22. 28–30).

Laß endlich an des Lammes Tisch
Im Himmelreich uns essen,
Wo tausend Gaben mild und frisch
Du selbst uns wirst zumessen.
Da wird man schmecken Freud und Ehr',
Und wir, Herr, wollen nimmermehr
Zu preisen dich aufhören.